只为山水来此人间

——陶渊明传

随园散人 著

江苏凤凰文艺出版社

序言：
东篱有诗，南山有酒

红尘无际，生命如尘。

每个人，都需要在茫茫尘世完成自我的泅渡。

泅渡的过程，可说是旅行，亦可说是流浪。不过是从春到秋，从晨到暮，从此间到彼处。所有经过的，都是异乡；所有遇见的，都是风景。

有人寄身于喧嚣，便有人纵情于湖山；有人汲汲于功名，便有人怡然于田园。不同的性情，有不同的人生走向和不同的生命气质。总有人远离尘嚣，倾心云水。他们活得不张扬，亦不浮华，却独有兴味。比如陶渊明。

诗人里面，有风姿卓然的，有豪纵飘洒的。

而他，总是散淡如尘，不徐不疾。

那是他骨子里的寂静淡泊。

曾经，陶渊明也有过济世安民的志向，就像他在诗中所写："少时壮且厉，抚剑独行游。""猛志逸四海，骞翮思远翥。"于是，他数次出仕为官。出任江州祭酒，因为不堪吏职，不久便辞官。后来又出任镇军、建威参军，也是时日未久便辞官。再后来，已过不惑之年，出任彭泽县令，在位仅八十余日便解印归田，身后是他愤慨的话语：吾不能为五斗米，折腰向乡里小人！

旧时文人，在儒家思想的熏染下，大都有出仕愿望，但是仕途又实在不是谁都能安然走过的。鬼蜮伎俩、阿谀逢迎，种种丑陋和阴暗的迹象，会让心性澄明的文人苦不堪言。更何况，陶渊明所处的东晋末期，官场之腐朽、政治之险恶，可谓无以复加。

天性恬淡的陶渊明，终于选择了彻底离开。

田园山水，修篱种菊，才是与他心性最为相宜的。

晋宋人物，虽标榜清高，却总迷恋官场。而陶渊明，偶尔涉足便厌倦至极，终于决然而去。毕竟，官场从来都不是斜风细雨的地方。而他真正想要的，无非是花间篱下，诗酒趁年华。

于他，东篱有诗，南山有酒，便足够了。

尘世仍是那个尘世。后来的他，再与喧嚣无关。

鲁迅先生说，陶渊明是个非常和平的田园诗人；还说，他的态度是不容易学的，他非常之穷，而心里很平静。的确，固穷守节，安贫乐道，是极高的境界。

后世之人仰慕陶渊明的不在少数，然而没有几个人能像陶渊明那样活着。旷达飘洒的苏东坡，"清风徐来，水波不兴。举酒属客，诵明月之诗，歌窈窕之章"，终不及"富贵非吾愿，帝乡不可期"的陶渊明来得自然，陶渊明能够"造饮辄尽，期在必醉。常著文章自娱，颇示己志。忘怀得失，以此自终"，苏东坡未必可以。虽都是旷世文人，终究心性大为不同。

山水田园，是陶渊明完成自我泅渡之处。

那里，与富贵无缘，与名利无关，只有一个真实澄澈的自己。

他就在那里，采菊东篱下，悠然见南山；他就在那里，晨兴理荒秽，带月荷锄归。

日子清闲，却独有兴味。

目 录
contents

卷一：零落红尘陌上　/001

- 001 / 隐逸诗人之宗
- 006 / 家族背景
- 011 / 外祖遗风
- 016 / 生于乱世
- 021 / 沉醉琴书的少年
- 026 / 猛志逸四海，骞翮思远翥

卷二：意气风发年岁　/032

- 032 / 抚剑独行游
- 037 / 侠肝义胆
- 042 / 一场朦胧寂寞的爱恋
- 048 / 结发之妻
- 052 / 五柳先生
- 057 / 宁固穷以济意

卷三：仕途独饮寂寞 /062

　　062 /　初为江州祭酒

　　066/　辞官赋闲

　　071 /　当时只道是寻常

　　076 /　续弦之后

　　081 /　再度出仕

　　085 /　静念园林好，人间良可辞

卷四：心向山水田园 /091

　　091 /　有酒闲饮东窗

　　096 /　人生若寄，憔悴有时

　　101 /　长吟掩柴门

　　106 /　目倦川途异，心念山泽居

　　111 /　娑婆即遗憾

　　115 /　不为五斗米折腰

卷五：诗酒且自流连 /120

　　120 /　归去来兮

　　125 /　久在樊笼里，复得返自然

　　130 /　寄情诗酒

135 / 心远地自偏

141 / 俯仰终宇宙，不乐复何如

146 / 何处桃花源

卷六：田园岁月无声 /152

152 / 移居南村

157 / 聚散有时

162 / 幸福不在别处

168 / 浔阳三隐

173 / 倾盖如故，白首如新

179 / 白衣送酒

卷七：转身已是归途 /184

184 / 易代之悲

189 / 知己天涯

194 / 如鱼饮水，冷暖自知

200 / 孤云独无依

205 / 纵浪大化中，不喜亦不惧

210 / 寂静归途

卷一：零落红尘陌上

红尘陌上，岁月无边。

世间之人，从来处来，到去处去。

其实不过是，与逗逗岁月偶然间打了个照面。

隐逸诗人之宗

竹径茅庐，斜阳芳草。

东篱采菊，南山种豆。

这样的日子，平淡中自有几分诗画味道。

其实，并不遥远。山水田园始终在那里，只是少有人停留。

人生，说到底不过是，寂静而来，寂静而去。最重要的，无非是遥远的路上，如何面对所见所闻，如何将平淡的日子过得有味道，如何与喧嚣的世界保持适当的距离。总有人走着走着，便遗失了纯粹，也遗失了自我。却也有人，走了很远，仍能与最初的自己谈笑风生，把酒浅酌。

就像陶渊明，为了理想与生计，他曾经涉足官场，并且盘桓许久。但是很显然，官场的诡诈与阴霾、厮杀与贪婪，都与他澄澈淡泊的性情相去甚远。于是,他选择了归隐,带着一颗疲惫的心,去了山水之间。把盏篱下,纵情花前,终于有了那段悠然岁月。他的隐退,是对尘嚣的远离,亦是对自我的回归。

陶渊明天性喜好山水,对尘俗的生活有一种本能的回避,特别喜欢远离喧嚣的隐居生活。二十多岁时,他开始在田间耕种,此后大部分时间都在田园生活中度过。很多时候,他不喜欢交游,更愿意关上柴门,独自在寂静的茅屋中摒绝杂念,闭目养神。显然,这样的他,与浮华喧嚷的世界格格不入,与波诡云谲的官场更是难以相容。所以,他的归隐是对性情的关照,亦是对心灵境界的坚守。

陶渊明被称为隐逸诗人之宗,在他的诗里,隐逸的思想随处可见。他写飞鸟,他写饮酒,他写耕作,都充满了隐逸生活的疏淡写意。在《咏贫士》其一中写道:"朝霞开宿雾,众鸟相与飞。迟迟出林翮,未夕复来归。量力守故辙,岂不寒与饥?"

对此,刘履《选诗补注》评论说:"目所朝霞升雾,喻朝廷之更新;众鸟群飞,比诸臣之趋势;而迟迟出林,未夕来归者,则又自况其审时出处与众人异趣也。"此诗题为《咏贫士》,实为陶渊明自咏。他将众鸟群飞与"迟迟出林,未夕而归"之鸟对比,并以后者自况,表明自己宁愿"寒与饥",也要"量力守故辙"。

可以说,隐居的志向始终存留于陶渊明心中。

山水林泉,竹篱茅舍,永远是他心向往之的存在。

为此,他愿意谢绝繁华,从人群中飘然而去。

在归隐之前,他经常托意于飞鸟。他在《归园田居》其一中写道:"羁鸟恋旧林,池鱼思故渊。"自比"羁鸟",归隐之心显而易见。又在《岁暮和张常侍》中写道:"向夕长风起,塞云没西山。厉厉气遂严,纷纷飞鸟还。"已是决心远离尘嚣了。在他四十二岁时，写了《归鸟》四篇，借飞鸟晨出晚归的行踪隐喻自己从入世到出世的经历。

翼翼归鸟，晨去于林；远之八表，近憩云岑。
和风不洽，翻翮求心。顾俦相鸣，景庇清阴。

翼翼归鸟，载翔载飞。虽不怀游，见林情依。
遇云颉颃，相鸣而归。遐路诚悠，性爱无遗。

翼翼归鸟，相林徘徊。岂思失路，欣及旧栖。
虽无昔侣，众声每谐。日夕气清，悠然其怀。

翼翼归鸟，戢羽寒条。游不旷林，宿则森标。
晨风清兴，好音时交。矰缴奚施，已卷安劳！

第一首隐喻自己本欲济世安民却无奈事与愿违的遭遇；第二首表达自己对无拘无束生活的向往；第三首表明汲汲于利名不如安坐于山间云下，独享安闲；第四首比喻自己彻底脱离羁绊，退隐林泉山水，返璞归真后的悠然。这组诗以"归鸟"为题，显然是以飞鸟意象表自己，表达了寄心归鸟，追求真朴的心迹。

陶渊明的饮酒诗多半表达的是归隐情趣。古代文人爱酒者不少，嗜酒如命的亦不在少数，李白更是"天子呼来不上船，自称臣是酒中仙"。陶渊明饮酒，为的是追求物我两忘的境界。

苏东坡说，诗酒趁年华。

对于诗人来说，有诗有酒，有风有月，才叫生活。

陶渊明的诗，随处可见酒的踪迹。终其一生，流连诗酒是他最属意的生活。萧统在《陶渊明集序》中写道："有疑陶渊明之诗，篇篇有酒，吾观其意不在酒亦寄酒为迹也。"

隐逸的日子里，若是没有诗酒，那必是苍白的。

简淡的时光，蘸了月色，浸了酒意，然后落笔为诗。

于是，茅舍竹篱，炊烟碧树，都有了风情万种。

自然，隐于山水之间，也不是只有诗酒风月。陶渊明必须面对真实的生活。他必须劳作躬耕，就像他诗中所写"种豆南山下"，都是生计的需要。不管怎样，劳作之余，与邻里相对饮酒，仍是欢畅无比。杜甫在《客至》中写道："肯与邻翁相对饮，隔篱呼取尽馀杯。"陶渊明喜欢的，也是此中快味。

大约在公元417年，陶渊明写下了他的名作《饮酒》二十首。在《饮酒》中，有些诗表现了自己孤傲清高的节操，对门阀世族统治下的社会不满，甚至鲜明地拒绝了统治者对他的利诱征召，表现了与统治阶级不合作的态度。

结庐在人境，而无车马喧。
问君何能尔，心远地自偏。
采菊东篱下，悠然见南山。
山气日夕佳，飞鸟相与还。
此中有真意，欲辨已忘言。

南山种豆，东篱采菊。

时而临风对月，时而饮酒赋诗。

自然，偶尔也有三五知己，把酒言欢。

这就是陶渊明的田园生活。没有车马喧嚷，只有诗酒迷离；没有横平竖直的人际关系，只有寂静散淡的简单日子。此中真意，只能用心体味，非言辞可以尽述。

隐逸的日子，之所以写意翩然，并非只因闲散。

事实上，闲散的日子，看似快活，其实最是难以消受。

几亩田，几畦菊，几壶酒。于诗人，因了情怀与情趣，添了月色与烟雨，便是无上的快意。但于寻常之人，无诗意情致在心，稍作逗留尚可，若是长久停留，显然难以为之。山水之乐，风月之情，对大多数人来说，都算是奢侈之物。浮华世界，山水风月常有，真正的诗人并不多。总有人说，待得功成名就，便退隐林下，独面渔歌山水，真正成行的能有几人？世俗之人，纵然能舍得下繁华，也未必能玩味得了散淡。

诗人则不同。山间月下，把酒吟诗，或许只是一句诗便能推敲半日。如此，时光也就在诗酒中被推敲出了悠然味道。总之，隐居之所以快意翩然，最重要的不是身在林泉，而是心中自有风景。如此，才能以情怀装点散淡时光。

苏东坡说："渊明意不在诗，诗以寄其意耳。'采菊东篱下，悠然见南山'，则本自采菊，无意望山。适举首而见之，故悠然忘情，趣闲而累远。此未可于文语句间求之。今皆作'望南山'觉一篇神气索然。"在宋代，陶渊明"悠然见南山"这句，许多版本皆作"望南山"，"望"与"见"虽字义相同，却有"有意"与"无意"的细微区别，大概自苏东坡这段分析之后，"望"字遂罢。整首诗如苏东坡所评："初看若散缓，熟读有奇趣"，而要想品出个中滋味，则又"非至闲至静之中则不能到"。

古代文人，大都有归隐愿望。但是，很少有人将归隐真正完成，并形成一种生活方式。他在东晋特定的政治背景和文化背景下归隐田园，是中国士人隐逸的典范。陶渊明的归隐，是对自我安全感的寻找，是对人之存在的领悟，以及对个人本真的守护。

　　在这世上，每个人都需要安顿自己。或安顿于市井，或安顿于繁华，或安顿于朝野。

　　自然，也可以将自己安顿于林泉山水。

　　陶渊明属于后者。可以说，他是中国士大夫精神上的一个归宿。在他之后，许多文人在仕途失意之后，或厌倦了官场之后，往往回归到陶渊明，从他身上寻找新的人生价值，并借以安慰自己，白居易、苏轼、辛弃疾等莫不如此。只是，很少有人能如陶渊明那样，将隐居实现得那样彻底。

　　比陶渊明晚六百年的林逋，算是真正的隐逸文人。林逋性情孤高自好，喜恬淡，自甘贫困，不趋荣利。他多年漫游江淮，四十余岁后隐居杭州西湖，结庐孤山。

　　林逋常驾小舟遍游西湖诸寺庙，与高僧诗友相往还。他以湖山为伴，相传二十余年足不及城市，布衣终身。他终生不仕不娶，唯喜植梅养鹤，自谓"以梅为妻，以鹤为子"，人称"梅妻鹤子"。

　　若陶渊明知道六百年后有此一人，兴许会遥遥地引为知己。

　　他们都曾坚守心灵境界，远离繁华，直面孤独。

家族背景

　　红尘滚滚，世事喧嚷。

有人沦陷，便有人飘然而出。

背对繁华，于寂静之处，独面云山风月，也是一种生活。

陶渊明选择了隐逸，这是他忠于本性的选择。但是在此之前，他经历了多年的徘徊与思索。尽管他向往的是田园生活，但是入世的思想也总在脑海中盘旋。一方面，多年儒学熏陶，使他如众多士人，具有治国平天下的志向；另一方面，祖辈的影响，也让他自小具备济世安民的愿望。

就门第来说，陶渊明并非出自寒门。事实上，他的祖辈有过不朽之功勋。其中，最为人所熟知且可考的是其曾祖父陶侃及陶侃的父亲吴国扬武将军陶丹。陶丹为鄱阳人，出身无考，大约凭军功做了吴国的一名将领。后来，吴国为西晋所灭，陶丹为陶氏家族奠定的基业便不复存在。

陶侃幼时家贫，但心存大志，且有着超凡的见识和才干。《世说新语》里记载，陶侃年少时就有大志，家境却非常贫寒，和母亲湛氏住在一起。同郡人范逵一向很有名望，被举荐为孝廉，有一次想要投宿到陶侃家。当时，冰霜满地已有多日，陶侃家一无所有，可是范逵车马仆从很多。陶侃的母亲湛氏对陶侃说："你只管到外面留下客人，我自己来想办法。"湛氏卖掉头发，换到几斗米，又把支撑房屋的柱子砍下一半来做柴烧，把草垫子都剁了做草料喂马。到傍晚，便摆上了精美的饮食，范逵的随从都得到了很好的照顾。

范逵对陶侃的才学和见识欣赏有加，又对他的盛情款待深感愧疚。第二天早晨，范逵告辞，陶侃送了一程又一程，快要送到百里。范逵说："路已经走得很远了，您该回去了，我到了京都洛阳，一定给你美言一番。"陶侃这才回去。范逵到了洛阳，在羊晫、顾荣等人面前称赞陶侃，使他名声大噪。

后来，陶侃被当地太守举孝廉，步入了仕途。

沉寂了很久后，陶侃终于守得云开见月明。西晋灭亡，他在建立东晋的过程中功勋卓著，逐步登上了权力的巅峰。公元303年，四十四岁的陶侃迎来了人生的重大转折。这一年，义阳蛮人张昌在江夏起义，陶侃被荆州刺史刘弘征辟为南蛮长史，作为先锋军讨伐张昌。凭借优秀的军事素养，陶侃在战场上指挥若定，大败张昌。

此后数年，陶侃又多次出征讨伐，均大获全胜。公元305年，平定陈敏之乱，公元322年，平定王敦之乱，公元328年，平定苏峻和郭默之乱，在此期间，他都表现出了卓绝的军事才能，并因襟怀坦荡，深得部下爱戴和拥护。

太宁三年（公元325年），陶侃为都督荆、雍、益、梁诸州军事，领护南蛮校尉、征西大将军、荆州刺史，后又封太尉、长沙郡公，并加都督交、广、宁七州军事。对于曾祖父的功绩，陶渊明在《命子》中写道：

桓桓长沙，伊勋伊德。天子畴我，专征南国。
功遂辞归，临宠不忒。孰谓斯心，而近可得。

可见，陶渊明对其曾祖父推崇有加。不过，不管是在最初走上仕途的时候，还是在声名显赫的时候，陶侃与当时的门阀士族始终有隔膜。最初，他来到洛阳，去谒见张华。在多次拜谒后，最初对他冷眼相看的张华终于接见了他，并与他倾谈，为其才华雄辩而折服。

在很长时间里，作为东吴旧地的寒素之士，陶侃被士林中各方人物鄙薄着，地位极其寒微。有一次，陶侃与羊晫同车去拜访东吴名士领袖顾荣，被吏部郎温雅看到，后者讽刺羊晫："奈何与小人同载？"甚至，在古稀之年，陶侃还被人称作"溪狗"。《世说新语·容止篇》记载：

石头事故，朝廷倾覆。温忠武与庾文康投陶公求救。陶公云："肃祖顾命不见及。且苏峻作乱，衅由诸庾，诛其兄弟，不足以谢天下。"于时庾在温船后，闻之，忧怖无计。别日，温劝庾见陶，庾犹豫未能往。温曰："溪狗我所悉，卿但见之，必无忧也。"庾风姿神貌，陶一见便改观；谈宴竟日，爱重顿至。

石头事故，是指苏峻之乱。温忠武就是温峤，苏峻作乱时，温峤任平南将军、江州刺史，驻扎到浔阳。庾文康就是庾亮，晋明帝皇后的哥哥，谥文康。陶公是陶侃，苏峻作乱时，为征西大将军、荆州刺史，镇守江陵。

晋成帝咸和二年（公元327年），庾亮执掌朝政，下诏征历阳内史苏峻为大司农。苏峻一向怀疑庾亮想谋害自己，便起兵反，攻陷建康，自掌朝政，颁布大赦，独不赦庾亮兄弟。第二年又把晋帝迁到石头城。这时，陶侃、温峤、庾亮等起兵讨伐苏峻。数月后，苏峻兵败身死。

不仅当时被轻视，即使是唐代所撰《晋书》上也如此评价陶侃："士行望非世族，俗异诸华。"之所以如此，除了出身寒微，还有民族的背景。陈寅恪曾撰文证明，陶侃的乡里庐江郡是溪族杂处区域，他的诸子凶暴也与善战的溪族人气类相似。结论是，"江左名人如陶侃即渊明亦出于溪族"。

当然，门阀士族对陶侃的排挤和鄙夷，还因为他崇尚实干精神，重力行而不尚清谈玄远。西晋末期，虚无放诞以养望之风大盛，经历乱世后稍有收敛，但门阀士族仍不放弃老庄浮华之风，被奉为中兴名臣的王导、庾亮、温峤等人，也多以玄雅风流自居。陶侃的形象与之相去甚远。因此，他始终被排除在门阀士族之外。

咸和七年（公元332年），陶侃病重，辞去了官职，两年后去世。

他的后半生几乎都是在战争中度过,所建功业被载入了史册,被其后人代代传颂。只是,在他死后,陶氏家族很快就由兴旺转向了衰落,表面上看是由于子孙不肖,实则是在他之后,陶氏后人受当时门阀士族多方排挤倾轧,以至于家族急速衰败。

陶侃的爵位继承人陶夏,因杀害与其争夺爵位的弟弟陶斌而被庾亮放黜;陶侃的另一个儿子陶称,曾经率领二百人到武昌见庾亮,被后者所杀。庾亮还上疏朝廷,数落他的罪责。陶渊明的祖父陶茂是陶夏、陶称等人的兄弟行。《晋书·隐逸传》中记载:"陶潜,字元亮,大司马侃之曾孙也。祖茂,武昌太守。"陶渊明在《命子》诗中这样称赞祖父:"肃矣我祖,慎终如始。直方二台,惠和千里。"

而陶渊明的父亲,关于其生平如雪泥鸿爪,难以考证。陶渊明的《命子》诗中,并未涉及父亲这一履历,只是说:"寄迹风云,冥兹愠喜。"

尽管从好友颜延之的《陶征士诔》和文集编纂者萧统的《陶渊明传》,直至《宋书》《晋书》和《南史》等官修史籍,都叙述过陶渊明的生平经历,但对其家世背景却多有语焉不详的地方,尤其是其父亲的名号行迹,一概付之阙如。宋元以后出现的文献则对此众说纷纭,相继出现过陶回、陶逸、陶敏等不同说法,又称他曾经担任过姿城太守或安城太守。然而这些记载均来历不明,或于史籍无证,或与史传龃龉,令人难以采信。

大概是,整个陶氏家族急速衰落后,到了陶渊明父亲这一辈,便只能选择隐于林下,籍籍无名终身了。陶渊明不喜喧闹,喜好林泉山水,想必也是受父辈影响。

在《晋书·隐逸传》中载有陶渊明叔父陶淡的生平,说他离群索居,"于长沙临湘山中结庐居之",为了躲避州郡长官的征辟,最后竟然逃至深山之中,"终身不返,莫知所终"。

陶渊明的从弟敬远也是个安贫乐道、遗世独立的隐士。他与陶渊明相处甚恰，陶渊明将其引为心意相通的知己。敬远不幸早逝，陶渊明撰《祭从弟敬远文》，着重表彰他"心遗得失，情不依世"的处世态度，又陈说他平日"绝粒委务，考槃山阴"的生活方式和"晨采上药，夕闲素琴"的兴趣爱好。

可见，到陶渊明这里，隐逸已成陶氏承袭之风。

曾祖父跃马红尘、煊赫于朝野的形象，陶渊明也未曾忘记。

但那毕竟是遥远的印记。他的人生，是属于山水田园的。

外祖遗风

相比之下，外祖父对陶渊明的影响更为深远。

他的外祖父孟嘉，是东晋一代名士，在当时颇有声誉。

孟氏与陶氏是两代姻亲，孟嘉的女儿嫁给了陶渊明的父亲，孟嘉则娶了陶侃的第十个女儿，陶渊明的外婆也就是他的姑祖母。陶孟两姓皆是东吴旧臣的后人，不同的是，孟氏是武昌望族，世代以德行著称，而陶氏只是因陶侃凭军功崛起而煊赫一时。

孟嘉才思敏捷，学识渊博，气度不凡，是一位温润儒雅的文士。他的曾祖父是历史上非常有名的孟宗，在三国时代官至吴国大司空，以孝行著称于世。传说孟宗的母亲生前喜欢吃笋，孟宗在冬节祭母时，因笋尚未生而入林哀叹，林中便有新笋破土而出，这就是《二十四孝》中"孟宗哭竹冬生笋"的故事。孟嘉的祖父孟揖在西晋做过庐陵太守，作为吴国旧臣的后人而能做这样的官，主要仰仗家族的德望。

孟嘉虽出身名门,但家境甚是贫寒。年少时父亲即去世,他在供奉母亲的同时,还带着两个弟弟潜心读书,终有所成。其弟孟陋,列名《晋书·隐逸传》中,虽然一生未曾做官,但在士林中声望极高。袁宏曾为孟陋作铭,称他"少而希古,布衣蔬食,栖迟蓬荜之下,绝人间之事,亲族慕其孝。大将军命会稽王辟之,称疾不至。相府历年虚位,而澹然无闷,卒不降志,时人奇之"。

《世说新语》中记载,孟嘉在京城做官,京中人士想一睹孟陋风采,便派人到武昌给他送信,说孟嘉病重,于是孟陋匆忙赶到了京城。众多士人看到他后,皆赞叹不已,甚至认为孟嘉有这样的弟弟接续他的德业,纵死无妨。

而且,孟陋并没有当时门阀名士的轻狂气。尽管人们以他不肯出山为官而称奇,桓温也曾慨叹说:连会稽王都请不动他,更别说自己了,但孟陋在给桓温的信中却说:"亿兆之人,无官者十居其九,岂皆高士哉?我病疾,不堪恭相王之命,非敢为高也。"甚是谦逊。他不做官,只是因为不慕名利,并非为了以此求得高士之名。

总有人,为利名之事所牵绊,终身困囿。

却也有人,寄身林泉山水,悠闲寂静,月白风清。

选择了怎样的生活,也就注定了怎样的生命气象,或如高山崔嵬,或如流水安恬。应该说,跃马扬鞭,笑傲红尘,自有其磅礴之美;独坐山水之间,听风听雨,亦不失寂静中的丰盈。

孟嘉少时便颇有名望,当时的人们称赞孟嘉"冲默有远量""温雅平旷",与他同郡的许多文士都对他钦佩有加。陶渊明在《孟府君传》中这样描述自己的外祖父:

> 君讳嘉，字万年，江夏鄂人也。君少失父，奉母、二弟居。娶大司马长沙桓公陶侃第十女，闺门孝友，人无能间，乡里称之。冲默有远量，弱冠，俦类成敬之。同郡郭逊，以清操知名，时在君右，常叹君温雅平旷，自以为不及。逊从弟立，亦有才志，与君同时齐誉，每推服焉。由是名冠州里，声流京邑。

魏晋风度，名士风流，多年之后仍被人们津津乐道。

我以为，所谓魏晋风流，一方面是高贵，另一方面是飘洒如风。

孟嘉兼具这两方面，因此颇为时人所称道。

他始终保持其名士风范，按照当时士族名士的人格模式来塑造自己，因此赢得了诸如庾亮、桓温等人的赏识。这些人对陶渊明的曾祖父陶侃甚是鄙夷，对其女婿孟嘉却十分赞赏，只因后者出自名门，且身具名士风流。

建元二年（公元344年），因为声名日甚，孟嘉被庾亮征辟为庐陵郡的从事，从此步入仕途。在庾亮幕府中，孟嘉深得器重。此后，孟嘉又分别担任过安西大将军功曹、江州别驾、巴丘令等职位。关于孟嘉形象，在陶渊明为其所写《孟府君传》中有两则轶事，极能显示其名士风姿。

> 太尉颍川庾亮，以帝舅民望，受分陕之重，镇武昌，并领江州。辟君部庐陵从事。下郡还，亮引见，问风俗得失。对曰："嘉不知，还传当问从吏。"亮以麈尾掩口而笑。诸从事既去，唤弟翼语之曰："孟嘉故是盛德人也。"君既辞出外，自除吏名，便步归家；母在堂，兄弟共相欢乐，怡怡如也。

庐陵从事，是庾亮都督府中分管有关庐陵郡事务的官员。孟嘉从庐陵郡考察归来，庾亮问他郡中事务，理应汇报述职，他却说回到传舍再问从吏，这便是名士"居官无官官之事"的派头，因此尽管失职，却更得庾亮赞赏。还有一件事是这样：

> 举秀才，又为安西将军庾翼府功曹，再为江州别驾、巴丘令、征西大将军谯国桓温参军。君色和而正，温甚重之。九月九日，温游龙山，参佐毕集，四弟二甥咸在坐。时佐吏并著戎服，有风吹君帽堕落，温目左右及宾客勿言，以观其举止。君初不自觉，良久如厕，温命取以还之。廷尉太原孙盛为谘议参军，时在坐，温命纸笔，令嘲之。文成示温，温以著坐处。君归，见嘲笑而请笔作答，了不容思。文辞超卓，四座叹之。

征西将军桓温素闻孟嘉德行，非常欣赏他，便任命他为参军。重阳节来临之际，桓温带亲眷部属到附近的龙山赏菊，并设宴与众人把盏共话佳节。一阵风吹过，孟嘉的官帽被吹落，而他自己却浑然不觉，周围的同僚想提醒他，桓温则用眼神示意大家不要作声，看他会如何处理。

过了许久，孟嘉仍未发现官帽掉落，还起身如厕。桓温便命人将帽子取回，还叫人写了篇文章来取笑孟嘉。等孟嘉回到座位，看到别人写的戏谑文字，马上叫人拿来纸笔予以回应。只见他未做任何思考，便写成了一篇洋洋洒洒的文章，才思敏捷，文辞超卓，众人看了之后都自叹不如。此事一时传为佳话，后来成了诗文中经常出现的典故。

这便是"龙山落帽"的典故，后人以"孟嘉落帽""落帽参军"等来形容文人才思过人、风姿卓然。李白曾游历龙山，并写下了"醉看风落帽，舞爱月留人"的诗句。

永和元年（公元 345 年），孟嘉厌倦了官场，心生退隐之念。兵部委任他为尚书删定郎,他没有推辞,却也没有上任。后来,晋穆帝司马聃因其美名,希望见他一面,也被他推辞了。第二年,孟嘉辞官回乡。终于远离了束缚,孟嘉开始了悠闲的退隐生活。除了读书,他时常悠游于山中,临风把酒,甚是自在。

如果说,曾祖父对陶渊明的影响,在于使他具备入世为官之心,那么外祖父孟嘉对他的影响则是多方面的。其中,精神气质方面的影响是最大的。孟嘉的名士风度,脱略行迹、放浪形骸的性格,是陶渊明最为追慕的。

陶渊明不愿与俗流为伍,更愿意寄身云下山中,与山水草木为邻,这便是外祖父精神气质的延续。可以想象,在为外祖父作传的时候,尤其是写到龙山落帽这些情节的之时,陶渊明定然是心向往之的。有这样一位外祖父,在他看来是一件幸事,尽管那时,陶渊明已是名动天下的大文豪了。另外,陶渊明好酒,孟嘉也是如此。陶渊明在《孟府君传》中这样写道:

好酣饮,逾多不乱。至于任怀得意,融然远寄,旁若无人。
温尝问君:"酒有何好,而君嗜之?"。君笑而答曰:"明公但不得酒中趣尔。"又问听妓,丝不如竹,竹不如肉,答曰:"渐近自然。"

陶渊明好酒,深谙酒中之趣。
于他,三五知己共饮固然酣畅,独酌亦是别有意趣。
就像他在《连雨独饮》中所写:

试酌百情远,重觞忽忘天。
天岂去此哉,任真无所先。

渐近自然,是陶渊明追求的境界,也是孟嘉追求的境界。

陶渊明天性喜爱自然,而自然两字,是寄身喧嚣外,是性本爱丘山。放浪形骸,是衣带生风,是不拘尘俗。

生于乱世

人生,不过是一场幻梦。

梦里人生,有花开陌上,也有落木萧萧;有斜风细雨,也有西风断肠。走着走着,风景褪去色彩,故事染了风霜,就连从前的自己也不知所踪。最后剩下的,许是风吹日落的淡然,许是三杯两盏淡酒的哀愁。梦醒时分,彼岸默然地等在那里。前尘往事,尽数付与沧桑。然后,匆忙作别。

既然来到世间,总要饶有兴致地走过。

明知最后两手空空,也要带着几分深情行走。

行将就木时,告诉自己,对这世界,曾经那般眷恋。

无论是谁,王侯将相也好,贩夫走卒也好,离开这世界,便只剩一个萧索的背影。但有些人,因其精神世界丰盛厚重,被人们始终铭记。就像李白杜甫,就像苏轼柳永,就像唐寅纳兰容若。陶渊明活得寂静,但也在其中。他的人生,他的诗歌,他的田园山水,多年以后仍有人念念不忘。或许,他没有想过留名千古,却在无意中活成了整个世界的精神殿堂。

陶渊明出生于柴桑(今江西九江)。柴桑区位于江西省北部,九江市西部,长江中游南岸,庐山西麓。东倚浔阳区、濂溪区、庐山风景区,南邻庐山市、共青城市、德安县，西接瑞昌市，北与湖北省黄梅县、武穴市隔长江为界，东北部飞地江洲镇四面环水，为长江冲积岛，隔鄱阳湖与湖口县相望，隔长江与湖北省黄梅县、安徽省宿松县为界。

早在新石器晚期，柴桑地区便有先民聚居。夏、商、西周地处荆、扬二州界。春秋为吴之西境，俗称"吴头楚尾"。秦始皇二十六年（公元前221年），分天下为三十六郡，地属九江郡。楚汉相争，先属英布九江王国，后改淮南王国。汉高祖六年（公元前201年），始置柴桑县，隶豫章郡。新莽改郡名九江、县曰九江亭。东汉复旧称。三国魏黄初二年（公元221年），孙权置武昌郡，柴桑为之属。

由于地处江西、湖北、湖南、安徽四省的交界处，柴桑一带具有天然的地理优势，在军事上是重要的战略要地，因此历来是兵家必争之地。《三国演义》中讲道，曹操占荆州后，诸葛亮星夜过江，赴柴桑见孙权。周瑜也从鄱阳湖紧急回柴桑，与诸葛亮共商抗曹大事。周瑜死后，诸葛亮不顾危险，亲临柴桑吊丧。

孙权割据江东，柴桑的战略地位突显。柴桑紧临刘表控制的荆州，一旦柴桑为敌方所占，孙权的"江东六郡八十一州"就十分危险。和演义一样，历史上真实的诸葛亮与孙权会见之地，就在柴桑。

诸葛亮智激孙权，增加孙权抗曹的信心。演义里的经典篇章《舌战群儒》就发生在柴桑。历史上并没有舌战群儒这事，但张昭确实就在柴桑劝孙权降曹的。孙权知道自己的身家性命只能押在抗曹一途，与刘备联手，在赤壁打败曹操，三分天下有吴、蜀。可以说，柴桑这座小城，是三国魏蜀吴概念真正形成的地方。

东晋时，柴桑隶属于浔阳郡。乱世之中，多场战役或在这里发生，或与这里有直接关系，兵连祸结之中，百姓受尽了战乱之苦。陶渊明身处这样的时代，目睹百姓流离失所的惨景，遥想曾祖父之伟业，也想有一番作为。然而，他几番入仕为官，终于发现，那样的乱世不是他这个书生能够改变的。实际上，身在官场，他只能任自己飘洒淡泊的性情备受煎熬。匡扶家国、拯救黎民，是他的理想，却无从实现。所以，最后他只能退身而出。

因为有过陶渊明，柴桑这座小城便在历史上具有了文化的意味。唐朝时，柴桑是江州治所。唐宪宗元和十年（公元815年），白居易因为作诗讽刺朝廷，被贬为江州司马。白居易怀着愤懑的心情来到柴桑，于第二年写下了《琵琶行》。

白居易曾寻访陶渊明旧宅，几百年的历史湮灭了太多往事，陶渊明早已不在，东篱无人种菊，墟里仍有孤烟，感慨之余，白居易写下这首《访陶公旧宅》：

> 我生君之后，相去五百年。每读五柳传，目想心拳拳。
> 昔常咏遗风，著为十六篇。今来访故宅，森若君在前。
> 不慕尊有酒，不慕琴无弦。慕君遗荣利，老死此丘园。
> 柴桑古村落，栗里旧山川。不见篱下菊，但余墟中烟。
> 子孙虽无闻，族氏犹未迁。每逢姓陶人，使我心依然。

柴桑，是陶渊明的故里。

许多人，因为陶渊明而前往这里。

然而，斯人已去，所见的只剩遗迹。遥想他独坐或行吟的身影，无非兴起几番叹息。柴桑，是陶渊明生于斯、长于斯、逝于斯的地方。他在奇美的江岸山下，汲取丰富的文学素养，最终成了无数人仰望的山水田园派诗人。

陶渊明的生活圈子不大，他一生中主要的活动很少发生在柴桑之外。而他从政后当过县令的彭泽，距离柴桑也不过百里。陶渊明很多脍炙人口的诗章，都离不开柴桑山水的滋润，比如著名的《桃花源记》《五柳先生传》《归园田居》《饮酒》。

根据沈约《宋书·隐逸传》中的陶渊明传记载，陶渊明去世时是六十三岁。以此来推算，陶渊明生于东晋哀帝兴宁三年（公元365年）。那年，陶侃已去世三十余年，孟嘉也许还在世（孟嘉卒年无考，但他与桓温同时，桓温死于公元373年）。

中国文学史，因为他的出现，多了几分恬淡气息。

他是陶渊明，字元亮，世称靖节先生。

当然，人们更愿意称他为五柳先生。

对他的印象，除了那些田园诗篇，便是淡泊清旷。田园芳草，江山风月，本来没有常主，闲者即是主人。当许多人只是遥遥望向林泉山水的时候，他选择了将自己安放其中。然后，他用诗酒，对酌山水云烟。远远望去，那是一个清瘦而淡然的身影。

在他出生的时候，东晋已经偏安四十八年，渐渐式微。此后有五十四年在内外交困中度过，终于惨淡地画上了句号。这正是陶渊明一生的主要部分。那是个凌乱的时代，朝廷风雨飘摇，黎民朝不保夕。身在其中的陶渊明，在入世与出世之间，矛盾了很多年。

在陶渊明的幼年，王、谢两大家族虽仍有势力，但已逐渐没落。这个时期，士族逐渐没落，而军阀逐渐兴起。在陶渊明十九岁时，发生了著名的淝水之战。

淝水之战，东晋太元八年（公元383年），前秦出兵伐晋，于淝水（今安徽省寿县的东南方)交战,最终东晋仅以八万军力大胜八十余万前秦军。淝水之战发生在淝水之上,八公山之下,是我国历史上著名的以弱胜强的战例。留有风声鹤唳、草木皆兵、投鞭断流等成语。

淝水之战是东晋时期北方的统一政权前秦向南方东晋发起的侵略吞并的一系列战役中的决定性战役,拥有绝对优势的前秦败给了东晋,国家也因此衰败灭亡,北方各民族纷纷脱离了前秦的统治,分裂为以后秦和后燕为主的几个政权。而东晋则趁此北伐,把边界线推进到了黄河,并且此后数十年间东晋再无外族侵略。

由淝水之战可见,当时的东晋仍旧强大,不过此后,国力被内战削弱,渐渐衰败。淝水之战两年后,谢安去世。王、谢士族政权没落,军阀势力越来越盛。

应该说,陶渊明生活于一个艺术的时代。在他出生那年,大书法家王羲之四十五岁(另外的说法是,王羲之生于公元303年,陶渊明出生时他六十三岁);大画家顾恺之二十六岁;雕塑家戴逵四十岁。

就文学范畴而言,尽管大诗人郭璞早已去世几十年,但玄言诗人孙绰、许询,咏史诗人袁宏在陶渊明幼年时还在世。公元384年,颜延之出生;公元385年,谢灵运出生;约在公元416年,鲍照出生。另外,大思想家支遁、鸠摩罗什等人,以及《世说新语》的编著者刘义庆(生于公元403年),也生活在这个时期。

在艺术领域,那是个光彩熠熠的时代。

可以说,在文化上,陶渊明所处的时代并不寂寞。

而他,注定要以他的诗,照耀整个时代。

沉醉琴书的少年

少年时节，花开陌上，细雨霏霏。

然后，仿佛刹那，一切已经变了模样。

后来，我们忍不住忆起年少时的清澈与自在。

终究，人生的路，越走越远，越走越寂寥。所谓的成长与成熟，就是将曾经的纯粹掩埋，换上世故模样，去面对尘世的离合聚散与飞短流长。曾经，我们以为，只有成长到某个年岁，才能具备拥有的能力。终于发现，拥有的越多，失去的也越多。倒是那看似蒙懂无知的少年时节，我们无比丰盛。

陶渊明的一生，总体来说分为三个时期：二十九岁之前，他在读书与耕作中度过，清贫却也悠然；二十九岁至四十一岁，数次入仕为官，未能实现匡世济民的抱负，落得满心疲惫与落寞；四十一岁到离世，即六十三岁，退隐田园，远离纷扰。

终其一生，无论是为官还是隐退，整个世界始终不太平，河山家国一片凌乱，他时常忧心，却又无计可施。好在他有一支笔，有一颗淡泊之心，终于在寂静山水处，蘸着月色与酒香，写出了一段诗意时光。应该说，隐逸就是他的人生。那些为官岁月，不过是蜻蜓点水般的试探。适合他的，至少在那样的年代，就是寄情山水。

陶渊明出生的时候，曾祖父陶侃已离世多年，只剩一个威赫的背影，陶氏家族急速衰落，早已不复当年气象。陶侃一生有十余位妻妾，有二十三个儿子。陶侃死后，子嗣们为了争夺财产争斗不止。当时陶侃的对手庾亮眼见陶家分裂，乘虚而入，利用朝廷势力一举消灭了陶家的骨干力量，陶家从此一蹶不振。陶渊明的祖父虽曾为太守，也没能让陶家东山再起。至于陶渊明的父亲，只能寄迹风云，史书记载极少。

大概在陶渊明九岁的时候，父亲因病撒手人寰。家庭渐渐没落以至清贫，渐渐长大的陶渊明只能扛起生活的重担，躬耕陌上，以维持生计。所以，从少年到青年，在出仕为官之前，陶渊明一直过着亦耕亦读的生活。日子清贫，他却很乐观。日出而作，日落而息，人在田园之间，这样的日子虽然简朴，他却很是喜欢。

对陶渊明来说，读书是一件极其重要的事情。劳作之余，他的时间主要用来读书。东晋时代崇尚玄学，人们最喜欢读老子和庄子的著作。陶渊明天性爱好读书，可以说他是凡书无所不读，读便能醉心其中。他在《五柳先生传》中说："好读书，不求甚解；每有会意，便欣然忘食。"可见他对于读书一事的沉迷。

当然，陶渊明读书，一方面是单纯喜欢，另一方面因为家境贫寒，他有着振兴门楣的志向。总之，他不像当时的许多人，读书只为清言玄谈。

无论何年何月，读书都是一件美好的事情。

不为黄金屋，不为颜如玉，只为文字中的那份安恬。

一壶茶，一卷书，消磨一个午后。天边有云，身边有花，整个世界便是自己的。又或者，寒冬时于窗前，捧书闲读，窗外是漫天的飞雪，帘内是满心的清闲，无俗事挂怀，便会发现，生活原本可以这般安适。

可惜，多年以后，读书的人越来越少。浮躁的世界，大多数人难以沉心静气。未必真是忙得不可开交，只是心境难得平和。于是，读书几乎成了一件奢侈的事情。读书就像是赏景，没有一份闲心，勉强为之，也不过是走马观花，对书或者风景，都是一种辜负。

陶渊明是真正爱书，真正酷爱读书的。

在《与子俨等疏》中,他这样写读书之乐:

少学琴书,偶爱闲静,开卷有得,便欣然忘食。见树木交荫,时鸟变声,亦复欢然有喜。常言五六月中,北窗下卧,遇凉风暂至,自谓是羲皇上人。

手捧书卷,若有所得,便能欣然忘食。

读书之时,有树木交错成荫,有飞鸟自由鸣叫,很是舒畅。

夏日炎炎时,于北窗下面躺着读书,凉风习习而过,像是与古人进行了悠远的会晤。我想,读书到如此境界,才算是真正的读书。读书这件事,除了遇见真实的自己,还要将自己交给辽阔时空,遇见不同的人,欣赏不同的风景。可以说,读书是刹那与永恒之间的联结。

多年以后,陶渊明在《读山海经》第一首中,又写到了读书的情景。虽是暮年之作,但读书之乐趣,那种令人神往的画面,与少年时别无二致:

孟夏草木长,绕屋树扶疏。众鸟欣有托,吾亦爱吾庐。
既耕亦已种,时还读我书。穷巷隔深辙,颇回故人车。
欢言酌春酒,摘我园中蔬。微雨从东来,好风与之俱。
泛览周王传,流观山海图。俯仰终宇宙,不乐复何如?

孟夏时节,草木葳蕤,屋舍之侧绿树浓荫。残冬以来一直没有找到好树筑巢的鸟儿终于有了寄身之所,无比欢欣。而他自己,亦对自己的茅舍心满意足。

耕作之余,翻开书卷,进入那个奇趣世界,无比惬意。虽身处僻静村巷,却恰好满足了自己远离喧嚣的愿望。采摘园中蔬菜,对酌春酒,凉风习习,细雨迷蒙,整个人就像是遁出了喧嚷红尘。泛读着《周王传》,浏览着《山海经图》,俯仰之间,神驰今古,世间万事皆在心中。如此光景,怎能不快活,怎能不自足!

无疑,那是一种极高亦极美的读书境界。

没有俗事劳心,没有仕途困扰,只有悠然的自己。

沉醉于书中,总有种超越古今的宁静旷远。

对陶渊明来说,读书是终身之事。博览群书后,他终成一代田园诗人。落笔成诗,轻描淡写,是多年书卷浸润后的举重若轻。

读书之外,陶渊明也学琴。在他的不少诗里,都有关于弹琴的记载。比如,在《与子俨等疏》中说"少学琴书",在《始作镇军参军经曲阿》写道:"弱龄寄事外,委怀在琴书。"在《和郭主簿二首》中写道:"息交游闲业,卧起弄书琴。"在《自祭文》中也说:"欣以素牍,和以七弦。"

显然,陶渊明喜欢弹琴,并且深谙其道。不过,在历史上,尽人皆知的是陶渊明"无弦琴"的故事,历代文人墨客大都津津乐道,视为风雅之举,脱俗之行。《宋书》卷九十三《隐逸列传》:

潜不解音声,而畜素琴一张,无弦,每有酒适,辄抚弄以寄其意。

在此基础上,萧统《陶渊明传》直接提出了"无弦琴"这一概念,并称"渊明不解音律";唐李延寿《南史》卷七十五《隐逸列传》的记载也大致相同,只是没有"无弦"二字。《晋书》卷九十四《隐逸列传》则明显带有将这个故事"扩大化"的倾向:

> 性不解音,而畜素琴一张,弦徽不具。
> 每朋酒之会,则抚而和之,曰:"但识琴中趣,何劳弦上声!"

其实,陶渊明是喜欢音乐,喜欢古琴的。若不能说是古琴大家,至少绝不是外行。他在《拟古》九首(其五)中这样写道:

> 知我故来意,取琴为我弹。
> 上弦惊别鹤,下弦操孤鸾。

这首诗对了解陶渊明的音乐修养以及解读陶渊明的音乐生活是至关重要的。古琴名家郭平从琴学的角度对此诗作了分析:上弦音距岳山近,弹上弦音时,因为有效震动弦长较短,使得弹出的琴音较为尖利、激越;而下弦音则相反,它们近龙龈,有效震动部分长,琴音较为低沉、幽深。而《别鹤》和《孤鸾》是两首琴曲的曲名。

陶渊明这两句诗的意思是说,这位弹琴的高人所弹的《别鹤》和《孤鸾》特别有表现力、有特色的内容分别在近岳山的高音区和近龙龈的低音区出现,从而表现出别鹤唳鸣之声的凄厉和失群孤鸾的幽怨。由此可见,陶渊明对琴的声音、技法特征以及琴曲的特点都是熟悉的。这种阐释非常严谨、科学。

关于无弦琴的记载,《宋书》等典籍也并非无中生有。对此,苏东坡曾解释:"渊明自云'和以七弦',岂得不知音。当是有琴而弦弊坏,不复更张,但抚弄以寄意,如此为得其真。"(《渊明无弦琴》)

陶渊明家境贫寒,衣食尚且不周,琴弦断了一时无力更换新弦是情理中事。琴弦未断时,他当然会弹出琴声。琴弦断了,适逢心中有所感触需要抒发，他便抱着那张无弦琴抚弄一番，只要内心有其旋律便好，有没有发出琴声，并不在意。

事实上，陶渊明是从小学琴，喜欢弹琴的。与陶渊明同时期的颜延之在《陶征士诔》中也告诉人们："陈书辍卷，置酒弦琴。"

陶渊明并非崇尚玄学之人，但他亦是深谙老庄之学。弹琴在于意，而不在于形。就像《道德经》所写："大音希声，大象无形。"对他来说，琴之有弦无弦，或许无足轻重。弹琴如舞剑，到了至高境界，应是无形胜有形的。

纵观陶渊明的整个生涯，可以说，他的平淡冲和，极为超脱的生命选择，便是在选择弹奏一张无形之琴——他自己无比美好、无比孤独的心灵。

有的情怀，只能会意，一说就错。

无言无语，不着一字，倒有可能尽得风流。

无弦琴上，有陶渊明的精神独往。

猛志逸四海，骞翮思远翥

岁月不声不响。

生活，如谜题般，考量着红尘众生。

晴天雨天，春暖秋凉。不管怎样，我们总要走在这红尘，丈量大地，亦被大地丈量。遥远的路上，谁都不是归人。原本，人生就是一场茫然的流浪。我们能回归的，只有真实和纯澈的自己。

蒋捷说，少年听雨歌楼上。红烛昏罗帐。

此时的陶渊明，还是个蒙懂少年，于人海深处听雨。

生活虽清贫,但是青春时节自有几分轻盈快意。

他在诗书琴韵中,逐渐丰满着自己。他喜欢书,喜欢让自己徜徉其中,忘却喧嚣;他喜欢山水,喜欢将自己安放在云下山间,清朗度日。但同时,他心存大志,希望在未来某天,以己之才学,匡扶河山家国。他知道,外面的世界,始终不太平。他希望,天下黎民能够生活在一个河清海晏的世界里。

太和四年(公元369年),陶渊明五岁。继永和十年(公元354年)、永和十二年(公元356年)两次北伐之后,大司马桓温于三月再度向东晋朝廷上书,请求讨伐前燕,朝廷批准了这一建议。

当年四月,桓温与其弟江州刺史桓冲及豫州刺史袁真等率领五万步骑从姑孰(今安徽当涂县)出发北伐。桓温派建威将军檀玄从陆路进攻前燕。檀玄在湖陆(今山东鱼台东南),生擒燕宁东将军慕容忠,在黄墟(今河南杞县东南)大败燕下邳王慕容厉率领的两万步骑,其前锋邓遐、朱序又在林渚(今河南郑州市东北)击败燕将傅颜。前燕一面派人向前秦求援,一面派吴王慕容垂率范阳王慕容德领兵五万人迎战桓温。

九月,范阳王慕容德率骑兵一万、兰台御史刘当率骑兵五千屯驻石门(今山东平阳),豫州刺史李邦率州兵五千切断了桓温的粮道,慕容德派将军慕容宙领骑兵一千为前锋,诱敌深入,然后围击晋军,晋军大败。自此之后,晋军便屡战不利,而且粮食枯竭,又传闻前秦援兵将至,军心动摇,桓温不得不于九月十九日焚烧战船,丢弃辎重和铠甲撤退。

晋军自东燕(今河南延津县东北)经仓垣(今河南开封市东北),步行七百余里,退至襄邑(今河南睢县西)。慕容德跟踪追击,率劲骑四千埋伏在襄邑县的东涧附近,与同时抵达的慕容垂军呼应,夹击晋军,这次战役使晋军损失了三万人。与此同时,前来增援的前秦军也乘机从谯县（今安徽亳州）向晋军发起进攻，晋军又死伤万人，桓温率残兵败将退回，这次北伐以失败告终。

桓温，字元子（一作符子），谯国龙亢（今安徽怀远龙亢镇）人。东晋政治家、军事家、权臣，谯国桓氏代表人物，东汉名儒桓荣之后，宣城内史桓彝长子。

桓温是晋明帝的驸马，因溯江而上灭亡成汉政权而声名大奋，又三次出兵北伐（北伐前秦、羌族姚襄、前燕），战功累累。永和十二年（公元356年），收复洛阳，然后屡请东晋朝廷将都城自康迁回洛阳，但遭到世家大族的反对而未成。后独揽朝政十余年，操纵废立，有意夺取帝位，终因第三次北伐失败而令声望受损，受制于朝中王谢势力而未能如愿。

桓温曾在晚年逼迫朝廷加其九锡，但因谢安等人借故拖延，直至去世也未能实现。死后谥号宣武。其子桓玄建立桓楚后，追尊为"宣武皇帝"。

太和六年（公元371年）十一月，桓温听从参军郗超之言，废掉晋帝，改立简文帝，自己以大司马镇姑孰，遥祝制朝政。自咸安二年（公元372年）七月以来，桓温一直拒绝入朝。直到宁康元年（公元373年）二月，才到建康朝见孝武帝。

孝武帝下诏，命吏部尚书谢安与侍中王坦之出城迎接桓温。建康城内人心惶惶，谣传桓温将要诛杀王坦之、谢安二人，然后篡夺帝位，王坦之十分恐惧，谢安却神色不变，说道："晋祚能否存在下去，决定于此行了。"桓温到后，百官拜迎于道帝旁。桓温陈列大量卫兵，宴请朝臣。公卿大臣见此情景都胆战心惊。王坦之吓得汗流不止，衣服湿透，手版也拿倒了。只有谢安从容入席，从定之后，对桓温道："我听说诸侯如有道义，四邻都是他的守卫，你何必安置如此众多的卫兵呢？"桓温命卫兵撤下，然后与谢安笑谈。

郗超为桓温谋主，桓温让郗超卧在帐中听谢安谈话。谁知突然刮风帷帐被揭开，谢安看见帐中的郗超，笑着说："郗生真可谓入幕之宾。"由于谢安的从容应对，桓温并没有发难。当时皇帝幼弱，幸亏谢安、王坦之等人效忠，晋朝才得以安宁。不久，桓温得病，在建康停留了十四日，三月七日返回姑孰（今安徽当涂）。七月十四日，病卒。

这就是当时东晋王朝的境况。除了偏安一隅的无奈，朝廷里面亦是权臣当道。战争似乎从未停歇过，黎民总是生活于水深火热之中。同时，他们还要经受自然灾害的洗礼。

宁康元年（公元373年），陶渊明九岁。吴郡、吴兴、义兴（即"三吴"）发生旱灾，百姓颗粒无收，到处饿殍遍野，卖儿鬻女者不计其数。这一年，陶渊明的父亲去世，陶家的日子每况愈下。七年以后，陶渊明十六岁，东晋再遭旱灾。频繁的战乱与天灾，使黎民百姓的生活极度艰难。

家庭的境况让陶渊明日渐成熟。

他知道，生活的光明，只能用双手去开启。

每个人都会有一段与生活对垒的岁月，或长或短。风雨飘零，世事冰凉，我们都会在无意中遇到，能够依靠的只有自己的双手。其实不过是逢山修路，遇水搭桥。只要生活的信念未灭，路就永远在前方。然后，终于在某年某月某天，我们认清了生活的模样，亦认清了真实的自己。于是，终于肯坐下来，与生活握手言和。后来，陶渊明归隐篱下，生活中仍有风雨，他却是不徐不疾，那就是与生活把盏闲谈的模样。

家庭的重量，他需要背负。但同时，他越来越明白，社稷安危、黎民疾苦，他也不能置若罔闻。后来他在《饮酒》其十六中写道："少年罕人事，游好在六经。"毕竟，他受的是儒家教育，有着安邦定国的志向。就像他在《杂诗》中所写："猛志逸四海，骞翮思远翥。"扶社稷于危墙、济黎民于倒悬，是他的宏愿。

而同时，陶渊明也喜欢庄子和老子清静无为的思想。行走尘世，无牵无挂，不拘于尘俗，不碍于是非，飘然自在，是他追求的境界。所以，他喜欢山水田园。他知道，只有将自己安置在那里，他才是真正属于自己的。他的身上，兼具儒家与道家两种修养。或许可以说，他的内心始终是矛盾的。

不管怎样，少年陶渊明的生活还是闲适的。

他喜欢安静，喜欢独自闲坐，与山水草木相对。

这是他独特的气质，自小便是如此。

在人们追逐热闹、追逐虚名浮利的时候，他更愿意让自己独善其身。对他来说，有琴有书，有山有水，有个纯粹的自己，生活就是悠然快意的。只不过，为民请命、经世治国的志向，也从未熄灭。

在琴书的浸淫下，陶渊明很快就到了弱冠之年。家境贫寒依然未改，他在半耕半读的生活中，既悠闲，又不忘思索人生。尽管有济世之心，但是到底要怎样度过自己的人生，投身仕途，还是寄迹风云，他终究是矛盾的。毕竟，就志趣而言，他更喜欢山水田园。

对他来说，箪食瓢饮陋巷，有诗酒为伴，便是极好的生活。

无俗事于外，无尘埃于心，就是他的追求。

现在的他，便是如此。躬耕之余，畅游书海，乐而忘忧。偶尔临山近水，偶尔抚琴自娱。虽然清贫，但他无疑拥有了一段丰盛的青春。难怪，多年以后，他时常忆起青春岁月，甚至时有叹息。就像他在《杂诗》其三中所写：

荣华难久居，盛衰不可量。

昔为三春蕖,今作秋莲房。
严霜结野草,枯悴未遽央。
日月还复周,我去不再阳。
眷眷往昔时,忆此断人肠。

当然,现在还远未到叹息青春易逝的时候。

雨过琴书润,风来翰墨香。他的日子很是清浅。

北窗下卧,遇凉风暂至,自谓是羲皇上人。就是这样。

卷二：意气风发年岁

青春，是一场温柔的酣梦。

刹那之间，水流花谢，青春落幕了。

却也有人，出走半生，归来仍是少年。

抚剑独行游

每个人都有自己的远方要走。

林山风月，霜冷长河，走过才知道，远方到底有多远。

远方的远，或许是万里风尘的苦楚迷离，或许是古道瘦马的江湖零落。又或许，是与曾经的自己渐行渐远后的茫然。有时候，刹那孤独，恍若天涯。或许，远方并不遥远。

陶渊明也有他的远方。那是一条从自己出发，经过山水重楼，经过雾霭荒烟，最终回到自己的长路。遥远的路上，他走得困顿。曾经以为，仕途是他的远方。后来才发现并非如此，那个尔虞我诈、曲意逢迎的地方，仅是一处荒野。对陶渊明这样的诗人来说，真正的远方，是诗酒流连，是心无尘埃时的寂静悠然。

现在，年轻的陶渊明已经上路。尽管，印象中的他，是闲散淡泊、不慕荣利的，但其实，年轻的时候，深受儒家思想和曾祖父影响的他也是有功名之心的，治国平天下的愿望始终在他心里。就像他在《杂诗》其五中所写：猛志逸四海，骞翮思远翥。

东晋所谓名士，大都追求超脱和虚旷，对于儒家治国安邦思想较为漠视。陶渊明则不同，他崇尚实践与实行，即使是隐居，亦是更喜欢躬耕田野、固穷守节。而当时的门阀名士，更多的是以隐退图取高名。

年轻的时候，陶渊明不曾鲜衣怒马，但必然是壮怀激烈的。对于家国社稷、黎民百姓，他心存一份慈悲心与责任心。何况，家境清贫也促使他立志出人头地，大有作为。陶渊明描述自己年轻时崇尚功业精神的诗，除了《杂诗》其五中所写"忆我少壮时，无乐自欣豫。猛志逸四海，骞翮思远翥"，还有一首《拟古》其八：

少时壮且厉，抚剑独行游。谁言行游近？张掖至幽州。
饥食首阳薇，渴饮易水流。不见相知人，惟见古时丘。
路边两高坟，伯牙与庄周。此士难再得，吾行欲何求。

这首诗的大体意思：年轻时壮怀激烈，持剑独自离乡出游。谁说离乡出游只在近处？他到了张掖又到了幽州。饿了就吃首阳山的薇菜，渴了就饮易水的流水。一路不见相知的人，只见路旁古时的坟丘。路旁有两座高大的坟墓，那是伯牙和庄周安息的地方。这样的奇士已难再寻，独自行游还有何意义？

年轻，将自己交给长路，这是需要勇气的。路的前方还是路，风的前方还是风,选择了远方,也就选择了无法预知的阴晴风雨。但是,年轻时,谁都愿意以意气风发,去对垒荒凉落寞。尤其是心存大志之人,总愿意独自上路,以脚步丈量世界。如此,才算不负青春年华。

仗剑远游,几分落寞,几分潇洒。

风也好,雨也好,若有赏心,便都是风景。

最重要的是,经过那些磨砺,生命中更有抵御风雨的力量。

张掖、幽州、易水、首阳,都在东晋域外。偏安一隅的东晋王朝,以及虚旷的东晋士人,往往只能遥望这些地方。习惯了偏安,习惯了江南的温软,几乎忘记了生命中该有的大气磅礴与辽阔壮烈。而陶渊明,他心存远方,时有壮游之想。他愿意从江南云水之间出走,去到遥远的地方,遇见西风凛冽,遇见大漠长河。可见,陶渊明的气概与格局,远胜当时江左名士。

他说,"饥食首阳薇,渴饮易水流"。意思是,自己志存高远,心性高洁,不屑与俗流为伍;他说,"路边两高坟,伯牙与庄周"。意思是,古时之高士皆已化作尘土,现世难再寻得那样的高士,自己虽高旷清雅,却是难寻知己。

不见相知人,惟见古时丘。这是一种跨越时空的孤独。这首诗,通过"首阳薇"伯夷叔齐的持守、"易水流"荆轲的激昂慷慨,以及俞伯牙与钟子期的琴瑟知音、庄子与惠子的谈话知音的典实,为我们塑造出了一位"抚剑独行游"者壮志难酬,知音难遇,充满侠气而又寂寞孤独的形象。

三百多年后,有个诗人也曾仗剑远游。

孤独,却始终飘洒如风。他便是诗仙李白。

金樽清酒斗十千,玉盘珍羞直万钱。

停杯投箸不能食，拔剑四顾心茫然。
欲渡黄河冰塞川，将登太行雪满山。
闲来垂钓碧溪上，忽复乘舟梦日边。
行路难！行路难！多歧路，今安在？
长风破浪会有时，直挂云帆济沧海。

读陶渊明那首诗，总是有个"拔剑四顾心茫然"的壮士形象在脑海中浮现。这位壮士便是李白这首《行路难》中离开座席，拔下宝剑，举目四顾，心绪茫然，内心孤独苦闷的诗人自己。

一样的侠气，一样的孤独。

一样的神采奕奕，一样的壮怀激烈。

开元十二年（公元724年），李白离开故乡，仗剑远游，并非为了游山玩水，而是为了建功立业，实现他治国安民的伟大抱负。后来他在《上安州裴长史书》中这样写道："以为士生则桑弧蓬矢，射乎四方，故知大丈夫必有四方之志。乃仗剑去国，辞亲远游，南穷苍梧，东涉溟海。"

大丈夫生于尘世，理当纵横天下，不能安于一隅。

当然，最重要的不是步履所及，而是思想和志趣的疆界。

陶渊明的足迹，未必真的到过张掖、幽州等地。但是，他的眼界和志趣，的确远超寻常之人，亦远超当时以名士自居的那些人。另外，他如此写，也是为了表明行路再远亦难得两三知己的孤独。

不过，虽未至极远之地，但东晋的都城建康，以及名士汇聚的会稽郡、吴郡等地，或许他曾涉足。之所以前往这些地方，既为了寻相知之人，亦为了寻仕进之途。无论出于何种目的，最终都以失望告终。

建康城，即人们时常说起的金陵。偏安的时代里，上至王侯贵胄，下至庶民百姓，似乎都安于现状，缺了些进取之心。尤其是贵族士人，更愿意研究老庄，日子过得惬意而缺少真趣。远远地望去，建康城里一派醉生梦死的气息。丝管悠悠，歌舞升平，至于战乱与灾荒、河山与社稷，少有人认真提起。很显然，带着一腔热血前往的陶渊明，必然会灰头土脸地离开。

会稽郡，所见之景象，也没能让陶渊明激动。事实上，正好相反。山下林间，无数的幽隐之人，所学无非老庄，所谈总是玄虚。此时，所谓的风雅，已非从前模样。

晋穆帝永和九年（公元353年）三月三日，时任会稽内史的王羲之与友人谢安、孙绰等四十一人会聚兰亭，赋诗饮酒。王羲之将诸人名爵及所赋诗作编成一集，并作序一篇，记述流觞曲水一事，并抒写由此而引发的内心感慨。这篇序文就是《兰亭集序》。

> 是日也，天朗气清，惠风和畅。仰观宇宙之大，俯察品类之盛，所以游目骋怀，足以极视听之娱，信可乐也。
>
> 夫人之相与，俯仰一世。或取诸怀抱，悟言一室之内；或因寄所托，放浪形骸之外。虽趣舍万殊，静躁不同，当其欣于所遇，暂得于己，快然自足，不知老之将至；及其所之既倦，情随事迁，感慨系之矣。向之所欣，俯仰之间，已为陈迹，犹不能不以之兴怀，况修短随化，终期于尽！古人云："死生亦大矣。"岂不痛哉！

三十几年前的盛事，陶渊明无缘得见。

但那文坛盛事的遗韵，他却是心向往之。

如果可以，他也愿意与一群意气相投的朋友，相聚于山间，把酒临风，抚琴赋诗。虽不能如王羲之那般笔走龙蛇,但作文以记斯事,自有一番情趣。但是很遗憾,他所见的大都是妄谈玄学的士人,真正有才学有见识的人寥寥无几。至于匡扶朝廷,救黎民于水火,似乎只是他一个人的愿望。

人越是志趣高远,就越是孤独。

滚滚红尘,众人皆醉而你独醒,便注定孤独。

不管陶渊明去过哪里,去了多远,总之知己难寻。古时的贤达固然早已长埋地下,就连并不遥远的风雅之人亦是一去不返。苍茫茫的世界,他只有孤独的自己,身影寥落,满目怆然。

于是,他只能回到故里,琴书自娱。

无论何时,田园诗酒都是他心灵的依归之所。

多年后,他仍会回到那里。

侠肝义胆

文字是可以寄放春秋冷暖的。

在诗书中盘桓多年,陶渊明渐渐学会了用文字来表达。

悠悠岁月,迢迢今古,人在其中跋涉,有了文字,所有的情怀,所有的悲喜,所有的风流与寂寞,便都有了落脚之处。陶渊明是个诗人,喜欢为自己心中所想加上韵脚,以诗赋的形式诉说。早期的文字,有不少学习汉魏诗赋的痕迹,比如他的《咏三良》和《咏荆轲》。

对于这两首诗,历来有不少人认为是在刘裕弑杀晋恭帝后,陶渊明的讽喻之作。实际上陶渊明所作诗赋,极少涉及时事,他并不热衷于评论王侯将相之功过是非。刘裕代晋称帝后,陶渊明写了首《述酒》,隐晦地表达了自己的悲愤。除此之外,少有褒贬时事的诗作。

现代不少学者认为,这两首诗是陶渊明早期出仕前的作品,述说其少壮时激烈心怀,较为合理。《咏三良》诗如下:

弹冠乘通津,但惧时我遗;服勤尽岁月,常恐功愈微。
忠情谬获露,遂为君所私。出则陪文舆,入必侍丹帷。
箴规响已从,计议初无亏。一朝长逝后,愿言同此归。
厚恩固难忘,君命安可违。临穴罔惟疑,投义志攸希。
荆棘笼高坟,黄鸟声正悲;良人不可赎,泫然沾我衣。

所谓"三良",是指子车氏的三个儿子:奄息、仲行、针虎。他们是当时秦国的三位贤臣,为秦王朝立下过汗马功劳。秦穆公死时,除以百余活人殉葬外,还要"三良"一起殉葬于地下。

应劭《汉书》注曰:"秦穆与群臣饮酒,酒酣,公曰:生共此乐,死共此哀。奄息等许诺。及公薨,皆从死。"《左传》记载:"秦伯任好卒,以子车氏三子奄息、仲行、针虎为殉,皆秦之良也。国人哀之,为赋《黄鸟》。"诗经《秦风》中有《黄鸟》一诗,记"三良"之死,很是令人感叹。

交交黄鸟,止于棘。谁从穆公?子车奄息。
维此奄息,百夫之特。临其穴,惴惴其栗。
彼苍者天,歼我良人。如可赎兮,人百其身!
交交黄鸟,止于桑。谁从穆公?子车仲行。
维此仲行,百夫之防。临其穴,惴惴其栗。

> 彼苍者天，歼我良人。如可赎兮，人百其身！
> 交交黄鸟，止于楚。谁从穆公？子车针虎。
> 维此针虎，百夫之御。临其穴，惴惴其栗。
> 彼苍者天，歼我良人。如可赎兮，人百其身！

人民同情"三良"的遭遇，痛恨秦穆公的残暴，唱出了这首怨歌，秦人因痛惜三良而作诗。但"三良"毕竟还是为报君恩而殉葬了。对于秦穆公杀三良之事，后来的不少文人曾作诗赋来表达自己的态度，比如曹植、王粲、阮瑀等人。这些作品，大都是以《黄鸟》为基础来演绎，一方面谴责秦穆公的愚昧，一方面歌颂三良的忠义。曹植所作《三良诗》如下：

> 功名不可为，忠义我所安。
> 秦穆先下世，三臣皆自残。
> 生时等荣乐，既没同忧患。
> 谁言捐躯易，杀身诚独难。
> 揽涕登君墓，临穴仰天叹。
> 长夜何冥冥，一往不复还。
> 黄鸟为悲鸣，哀哉伤肺肝。

陶渊明作《咏三良》的时候，还是个意气风发的年轻人。他有过人的才气，也有不凡的志向，只是求仕进而无门，便只能作诗来表达自己得君王赏识的愿望。

全诗可分五个层次，每四句为一层。前面三个层次描述了"三良"怎样由出仕而一步一步地走向誓愿追随君主地下的，说"三良"终年殷勤服侍秦穆公，因而受到宠爱和信任，为了不忘厚恩，"三良"实践诺言，心甘情愿为秦穆公殉葬。第四层次赞颂了三良赴死的高义，这与陶渊明的"士为知己者死"的节义观是有关的。第五层次，诗人表达了《诗经·秦风·黄鸟》同样的悲悯。结尾说"泫然沾我衣"，是为三良的死而悲伤，为三良的忠情谬露而遗憾。

从整体上看，作者是从仕途可畏这个角度来吟咏三良的。苏轼的《和陶咏三良》"仕宦岂不荣，有时缠忧悲。所以靖节翁，服此黔娄衣"最得此诗主旨。

很显然，写《咏三良》的时候，陶渊明还是有着强烈进取之心的。对于一个深受儒家思想浸染的读书人，这本就无可厚非。至于《咏荆轲》，表述年轻时壮烈情怀的意图更加明显。

荆轲，姜姓，庆氏，字次非，战国末期卫国朝歌（今河南鹤壁）人，春秋时期齐国大夫庆封的后代，战国时期著名刺客，也称庆卿、荆卿、庆轲。

荆轲喜好读书击剑，为人慷慨侠义。后游历到燕国，随之由田光推荐给太子丹。秦国灭赵后，兵锋直指燕国南界，太子丹震惧，决定派荆轲入秦行刺秦王。荆轲献计太子丹，拟以秦国叛将樊於期之头及燕督亢地图进献秦王，相机行刺。太子丹不忍杀樊於期，荆轲只好私见樊於期，告以实情，樊於期为成全荆轲而自刎。

公元前227年，荆轲带燕督亢地图和樊於期首级，前往秦国刺杀秦王。临行前，燕太子丹、高渐离等许多人在易水边为荆轲送行，场面十分悲壮。"风萧萧兮易水寒,壮士一去兮不复还"，这是荆轲在告别时所吟唱的诗句。荆轲与秦舞阳入秦后，秦王在咸阳宫隆重召见了他，在交验樊於期头颅，献督亢（今河北涿县、易县、固安一带）之地图时，图穷匕首见，荆轲刺秦王不中，被秦王拔剑击成重伤后为秦侍卫所杀。

在《史记·刺客列传第二十六》中，有荆轲事迹的记载。历代吟咏荆轲的作品不计其数。阮瑀诗云："燕丹善勇士。荆轲为上宾。图尽擢匕首。长驱西入秦。素车驾白马。相送易水津。渐离击筑歌。悲声感路人。举坐同咨嗟。叹气若青云。"

左思《咏史》其六："荆轲饮燕市，酒酣气益震。哀歌和渐离，谓若傍无人。虽无壮士节，与世亦殊伦。高眄邈四海，豪右何足陈。贵者虽自贵，视之若埃尘。贱者虽自贱，重之若千钧。"

骆宾王："此地别燕丹，壮士发冲冠。昔时人已没，今日水犹寒。"苏轼："荆轲不足说，田子老可惊。燕赵多奇士，惜哉亦虚名！"钱谦益："匕首无功壮士丑，函封可惜将军首。秦庭一死谢田光，社稷何曾计存否。不知秦王环柱时，舞阳在前何所为。当时太子不早遣，待客俱来应未知。"

年轻的陶渊明，对荆轲的侠气甚是崇拜，因此作《咏荆轲》以述怀。

燕丹善养士，志在报强嬴。招集百夫良，岁暮得荆卿。
君子死知己，提剑出燕京；素骥鸣广陌，慷慨送我行。
雄发指危冠，猛气冲长缨。饮饯易水上，四座列群英。
渐离击悲筑，宋意唱高声。萧萧哀风逝，淡淡寒波生。
商音更流涕，羽奏壮士惊。心知去不归，且有后世名。
登车何时顾，飞盖入秦庭。凌厉越万里，逶迤过千城。
图穷事自至，豪主正怔营。惜哉剑术疏，奇功遂不成。
其人虽已没，千载有余情。

其人虽已殁，千载有余情。

显然，对那个六百多年前的英雄，陶渊明是极其敬重的。

这首《咏荆轲》，与他在《拟古》诗中"少时壮且厉，抚剑独行游"之心怀是非常相符的。几分青春意气，几分年少轻狂，几分仗剑远行放浪红尘的恣肆。龚自珍有《己亥杂诗·舟中读陶诗三首》："陶潜诗喜说荆轲，想见停云发浩歌。吟到恩仇心事涌，江湖侠骨恐无多。"显然，对于陶渊明年轻时的侠气，龚自珍很是欣赏。

毕竟，东晋末期，是一个绵软的年代。当整个时代缺乏浩然之气的时候，陶渊明这首诗如一把利剑，向着苍白的时代劈了下去。可惜，他的侠气与正气，不能让那些沉睡中的士大夫们苏醒。

事实上，他的凛然风骨，几乎无人知晓。

年轻的陶渊明，始终默默无闻。

一场朦胧寂寞的爱恋

人间四月，陌上花开。

青春，是一场寂寞的烟雨朦胧。

爱情，在其中悄然生长。纵然不能开花结果，那份对爱情的渴望与悸动，足以丰盛青春岁月。相遇别离，欢喜哀愁，就像刹那的花开花落。故事里总有年华正好的人们，默然相遇，然后寂静离别，只剩一场回忆，悠悠荡荡。

与青春有关的日子，往往也与爱情有关。若非如此，那么所谓的青春岁月，也便少了些绚烂。青春时节的爱情，没有天长地久，但那是爱情最初的模样。在绽放与飘零之间，青春逐渐远去，从此爱情再也不复从前的月白风清。

我们所了解的陶渊明，是安于山水，乐于诗酒的。看上去，他就像从未年轻过，永远是一副恬然自得、了然尘事的模样。但其实，他的青春年岁，也有过疏狂，也有过激荡。自然地，也有过朦胧的爱情。尽管他的文字中很少涉及爱情，但毕竟还是有的。

想必，是个明媚温婉的女子，于某个清朗的日子，与他不期而遇，从此开始了一段寂寞的相思。应该说，那是一场"蒹葭苍苍，白露为霜。所谓伊人，在水一方"的爱情，咫尺天涯。于是，有了一篇《闲情赋》，深情而又落寞。曹植写甄宓之美，极尽华美之词：

翩若惊鸿，婉若游龙。荣曜秋菊，华茂春松。
髣髴兮若轻云之蔽月，飘飖兮若流风之回雪。
远而望之，皎若太阳升朝霞；迫而察之，灼若芙蕖出渌波。秾纤得衷，修短合度。肩若削成，腰如约素。延颈秀项，皓质呈露。芳泽无加，铅华弗御。云髻峨峨，修眉联娟。
丹唇外朗，皓齿内鲜，明眸善睐，靥辅承权。瑰姿艳逸，仪静体闲。柔情绰态，媚于语言。奇服旷世，骨像应图。披罗衣之璀粲兮，珥瑶碧之华琚。戴金翠之首饰，缀明珠以耀躯。践远游之文履，曳雾绡之轻裾。微幽兰之芳蔼兮，步踟蹰于山隅。

与之相比，陶渊明的《闲情赋》并不逊色。

显然，在年轻的诗人心中，那位女子亦是翩若惊鸿。

陶渊明的《闲情赋》，首节极尽夸饰之能事描写美人之容貌与品行，极言让他心动的这位女子，容貌举世无双，德行亦是远近闻名。她既有冰清玉洁的气质，亦有深谷幽兰的芬芳，情怀超凡脱俗，志趣高入烟云。

夫何瑰逸之令姿，独旷世以秀群。表倾城之艳色，期有德于传闻。佩鸣玉以比洁，齐幽兰以争芬。淡柔情于俗内，负雅志于高云。悲晨曦之易夕，感人生之长勤；同一尽于百年，何欢寡而愁殷！褰朱帏而正坐，泛清瑟以自欣。送纤指之余好，攘皓袖之缤纷。瞬美目以流眄，含言笑而不分。

当然，这既是写美人，也可以说是作者的自我表白。茫茫俗世，志趣高标，却是渺无知音，只有满心的孤独。可以说，这位美人就是作者理想的外化，是作者心志、情怀的投射与再造。屈原《离骚》中说："纷吾既有此内美兮，又重之以修能。扈江离与辟芷兮，纫秋兰以为佩。"显然是陶作的样板。

曲调将半，景落西轩。悲商叩林，白云依山。仰睇天路，俯促鸣弦。神仪妩媚，举止详妍。激清音以感余，愿接膝以交言。欲自往以结誓，惧冒礼之为愆；待凤鸟以致辞，恐他人之我先。意惶惑而靡宁，魂须臾而九迁。

第二节写诗人对美人欲亲近又顾虑重重的复杂心情。"曲调将半，景落西轩……神仪妩媚，举止详妍。"一系列四字句，短促顿挫，使我们看到一个平素、持重、淡泊的男子，面对仪态万方的绝代佳人时，既激动又忐忑的神态。

女子就在那里，抚着琴，景落西轩。

而他，听得痴迷，想要亲近，却又有心无胆。

于是，尽管意乱神迷，终究是不敢靠近。咫尺天涯。

愿在衣而为领，承华首之余芳；悲罗襟之宵离，怨秋夜之未央！
愿在裳而为带，束窈窕之纤身；嗟温凉之异气，或脱故而服新！
愿在发而为泽，刷玄鬓于颓肩；悲佳人之屡沐，从白水而枯煎！
愿在眉而为黛，随瞻视以闲扬；悲脂粉之尚鲜，或取毁于华妆！
愿在莞而为席，安弱体于三秋；悲文茵之代御，方经年而见求！
愿在丝而为履，附素足以周旋；悲行止之有节，空委弃于床前！
愿在昼而为影，常依形而西东；悲高树之多荫，慨有时而不同！
愿在夜而为烛，照玉容于两楹；悲扶桑之舒光，奄灭景而藏明！
愿在竹而为扇，含凄飙于柔握；悲白露之晨零，顾襟袖以缅邈！
愿在木而为桐，作膝上之鸣琴；悲乐极以哀来，终推我而辍音！

这是全赋的高潮。一反作者朴素淡远的风格，炽热无比。

十愿连篇，一气呵成，要化己身为美人衣之领，腰之带，发之膏泽，眉之黛墨，身下之席，脚上之鞋，随身之影，照颜之烛，手中之扇，膝上之琴。所有这些愿望，只为在美人身畔，哪怕只是片刻的相伴。

关于爱情，张爱玲有这样的描述："见了他，她变得很低很低，低到尘埃里。但她心里是欢喜的，从尘埃里开出花来。"因了那份相逢的欢喜，便宁愿变得低沉，至寂静，至尘埃，然后从尘埃里绽放。总之，若能与所爱之人相伴，情愿化作那人身边的一切物事。很显然，此时的爱恋情绪，已从最初的悸动，变成了整颗心的慌乱。尽管如此，仍只是远远地望着，并无半点亵渎之心。

考所愿而必违,徒契契以苦心。拥劳情而罔诉,步容与于南林。栖木兰之遗露,翳青松之余阴。傥行行之有觌,交欣惧于中襟;竟寂寞而无见,独悄想以空寻。

空怀十愿,无以表白,作者情绪渐渐变得低沉。

一厢情愿,为情所困。无处诉说,只好漫步到疏林,或许那是美人曾涉足的地方。心想着,是否能在这里与朝思暮想的女子邂逅。但又害怕,她默然出现的时候,自己会无所适从,也怕对方看出这番心思。事实上,她没有出现,树林里空寞寂寥一无所见,他只能孤独念想而空自追寻。

想着某个人,便去她常去的地方。

既盼着蓦然邂逅,却又害怕相逢时手足无措。

这的确是爱恋某个人的真实心理。

敛轻裾以复路,瞻夕阳而流叹。步徙倚以忘趣,色凄惨而矜颜。叶燮燮以去条,气凄凄而就寒,日负影以偕没,月媚景于云端。鸟凄声以孤归,兽索偶而不还。悼当年之晚暮,恨兹岁之欲殚。思宵梦以从之,神飘飘而不安;若凭舟之失棹,譬缘崖而无攀。

那人,并没有出现在林中。他的心思都落了空。

于是,只要落寞地离开树林。夕阳西下,形只影单。

一路凄然行走,林中景色凄凉。红日西沉,明月已在云端。宿鸟凄声鸣叫着独自归来,求偶的野兽还没有回还。夜晚,回想梦中的情景想要再入梦境,又思绪万千不能定心,如同泛舟的人失落了船桨,又似登山者无处攀缘。

这里，既有对梦中情人求而不得的落寞，也有不知路在何方的迷惘。弱冠之年心存大志的陶渊明，尚未遇见光明，难免感叹青春易逝。坐卧不安，神魂飘游，是为了那始终追求不到的梦中情人，亦是为了美好而又缥缈的理想。

于时毕昴盈轩，北风凄凄。恫恫不寐，众念徘徊。起摄带以侍晨，繁霜粲于素阶。鸡敛翅而未鸣，笛流远以清哀。始妙密以闲和，终寥亮而藏摧。意夫人之在兹，托行云以送怀。行云逝而无语，时奄冉而就过。徒勤思以自悲，终阻山而带河。迎清风以祛累，寄弱志于归波。尤《蔓草》之为会，诵《召南》之余歌。坦万虑以存诚，憩遥情于八遐。

一场朦胧寂寞的爱恋，终以独自怅惘收场。

就像许多青春时节的恋情，还未开场便已落幕。

但是总有人，为了那无望的爱情，朝思暮想，寝食难安。

求而不得，难免失落。但后来想起，何尝不是一段值得缅怀的往事。未必，所有的故事都有美丽的结局。烟花一场，终于沉寂。心中的颤动，只有自己记得。那又如何？有时候，爱情可以是一个人的地老天荒。

许是世俗牵绊，许是一厢情愿，总之这场爱恋终结于无声。许多个日子，他总是对那女子念念不忘，以为，念念不忘必有回响。可是，她终究未能完满他少年的心事。于是，他只好寄希望于梦中。但是，怀想太甚，往往连梦境都难以进入。

最终，缠绵心思，尽数付与清风流水。

原本，不过是一场痴想。咫尺天涯。

结发之妻

印象中,陶渊明是个幽隐于田园的遁世高人。

其实,他是非常贴近真实生活,非常具有烟火气息的。

他并非只醉心于风花雪月,而是认真地躬耕在土地上,过着实实在在的烟火日子。他不像李白,来去如风,飘洒之中甚至有几分神姿仙态。他是陶渊明,有自己独特的人生。既有几分远离尘嚣的悠然,又有几分采菊种豆的惬意。

二十几岁的时候,陶渊明完成了婚娶大事,迎娶了第一任妻子。据陶氏族谱记载,被迎娶的女子姓王。不过,并非王谢两大家族中的王氏,而是浔阳郡的一户普通人家。对于早已没落的陶家来说,似乎并没有多少选择的余地。而对于王家来说,陶家虽已不复从前威望,但是他们知道,陶渊明的曾祖父曾是威名赫赫的将军,祖父曾为太守,外祖父是一代名士。陶家也算是书香门第,而陶渊明自己亦是才华满腹、有志于振兴门楣的青年,没什么可挑剔的。

对于这位王姓女子,陶渊明的诗中并无片语只言。不过,可以想象,她虽无大家闺秀的雍容华贵,却也是知书达理的小家碧玉。自然,与陶渊明《闲情赋》中所写女子相比,王小姐是万万不及的。不过,我们可以想象,让陶渊明魂牵梦萦的那个女子,纵然是风姿绰约,也必不似陶渊明笔下所写那般超凡脱俗。或许,仅仅是惊鸿一瞥,让年轻的陶渊明意乱神迷,于是念念不忘,于是朝思暮想。

但是,他最终总会从幻想中走出来,面对真实的生活、真实的婚姻。不知道,王家小姐是否读过诗书,是否能与陶渊明把盏花下。反正,在某个绚烂的日子,王家小姐被花轿抬着入了陶家的门。从此,陶渊明的生活里，有了这个女子。

　　一切都进行得了无声响，至少在陶渊明的文字中，没有任何记载。就像是完成一桩并不重要的事情，他开始了这场婚姻。当然，新婚之日，两个年轻的生命相逢于红烛之下，纵然没有诗情画意，也必有几分默然的欢喜。

　　洞房花烛夜，对于古代读书人来说，算是一桩美事。在文人的笔下，新婚之夜总有几分旖旎。纳兰与发妻卢氏完婚时，作了首《浣溪沙》：

十八年来堕世间，吹花嚼蕊弄冰弦。多情情寄阿谁边。
紫玉钗斜灯影背，红绵粉冷枕函偏。相看好处却无言。

　　他说，相看好处却无言。
　　沉默着，倾听彼此。无言的默契。
　　他想，此生要尽力呵护她；她想，此生要全心温暖他。就是这样，两个人，从遥远的地方赶来，赴一场叫作婚姻的约，这原本就是无比浪漫的。欧阳修有首《南歌子》，可谓写尽了新婚宴尔的情趣。

凤髻金泥带，龙纹玉掌梳。走来窗下笑相扶，爱道画眉深浅入时无？
弄笔偎人久，描花试手初。等闲妨了绣工夫，笑问鸳鸯两字怎生书？

　　偶尔，她挽着他的手臂，亲昵地问，眉毛画得如何。
　　偶尔，她摆弄着笔管依偎着他，笑问，鸳鸯两个字怎样写。
　　新婚的幸福大抵如此，几分温柔，几分缱绻。
　　陶渊明，不曾为这场相逢落笔写诗。也许，对他来说，值得入诗的，不该是这些烦琐的生活情节,而是山水云烟,而是日月星河。总之,在此后的日子里,这位王小姐也不曾走入他的诗里。不管日子过得如何,反正他不曾将她写在诗里。当然,在诗人的笔下,红颜常有,糟糠之妻本就不多。倒是落魄的杜甫,在诗里多次提及妻子,虽称之为老妻,却是深情的口吻,比如"飘泊损红颜",比如"老妻画纸为棋局"。

歌里这样唱道:"往后余生,风雪是你,平淡是你,清贫也是你,荣华是你,心底温柔是你,目光所致,也是你。"歌名为《往后余生》,因其温暖,感动了许多人。婚姻是茫茫世界的互相交付,一场相逢后,无论贫穷富贵,无论阴晴圆缺,都相互依存。哪怕不能天长地久,至少彼此拥有过。

我们会在合适的时候,遇见该遇见的人,也会在该分离的时候,不得不和陪伴过一段路的人挥手道别,哪怕再不舍,也只能说再见。尘缘如谜,我们能做的只是珍惜眼前之人,珍惜相聚相随的日子。

陶渊明的精神世界足够丰富,所以他可以安于清贫。对他来说,日子纵然清贫,只要心有桃花源,便可以过得心安理得。应该说,他是个十足的诗人。如果可以,想必他也愿意以诗人的名义,散淡地活在人间,不问世事,不理喧嚣。但是,生活的细枝末节,诸如柴米油盐等事,永远都难以避开。因此,他只能让自己落定在烟火的日子里。

现在,年轻的陶渊明,过的依旧是半耕半读的生活。看上去,他对现状并不满意。家庭清贫仍在,心中壮志未酬,他过得甚至有些郁闷,却又无计可施。幸好,有了妻子操持家事,他倒是可以安心读书。有琴书相伴,有山水为邻,日子也算安适。

道由白云尽,春与青溪长。

时有落花至，远随流水香。
闲门向山路，深柳读书堂。
幽映每白日，清辉照衣裳。

想必，此时的陶渊明，过的就是这样的日子。

闭门向山路，深柳读书堂。偶尔把酒临风，偶尔抚琴吟啸。

这是陶渊明喜欢的生活。苏东坡说，人间有味是清欢。所谓的清欢，大抵就是陶渊明此时体会着的趣味。粗茶淡饭，浅唱低吟，简单却又不失意趣。

当然，陶渊明并未沉湎于安恬的小日子。匡世济民的宏愿，他从未忘怀。他时常想，总有一天，他能得天子赏识，实现自己矢志不移的理想。至少，在年轻的时候，他并不甘心做个隐士，于山光水色中虚度光阴。他苦读经书，也是为日后大展宏图做准备。

但他也明白，想要步入仕途，并且青云直上，是一件艰难的事情。整个家族没落后，祖辈所留之余荫，几乎不复存在。而当时的官员选拔制度，看似公平，实则多为门阀贵族所利用。

魏晋时官员选拔实行"九品中正制"，最初由曹魏御史大夫陈群制定和推行。在朝官中推选有声望的人担任各州、郡的"中正官"，负责察访本地士人，按其才德声望评定九个等级（上上、上中、上下、中上、中中、中下、下上、下中、下下），然后根据士人的品级，向吏部举荐。

吏部依据中正的报告，按品级授官。起初，这一制度是致力于解决朝廷选官和乡里清议的统一问题，是对汉代选官传统的延续，也是对曹操用人政策的继承。但到魏晋之交，因大小中正官均被各个州郡的"著姓士族"所垄断，他们在评定品级时，偏袒士族人物，九品的划分，已经背离了"不计门第"的原则。

此后的三百年间,出现了"上品无寒门,下品无势族"的门阀士族垄断政权的局面。可以说,九品中正制一直是保护士族世袭政治特权的官僚选拔制度。因此,寒素之士纵有才学,也难入魏阙。至于陶渊明,虽然曾祖父为名震天下的将军,祖父亦为太守,到他这里,陶家已沦落为寒门。因此,即使被举荐,也不会获得较高品级。

另外,那些年的陶渊明,眼中所见尽是门阀士族子弟的庸常与荒淫,而他素以高洁自居,本能地不屑与之为伍。至于东晋王朝,外有战乱不息,百姓流离,内有君臣昏聩,碌碌无为,陶渊明虽有仕进之心,但是真的不知道,在这样的朝廷,能有何作为。因此,他是既焦虑又矛盾,能做的只有埋头于琴书,自娱自乐。

王氏见陶渊明日日沉迷于琴书,并没有埋怨。她深信,以丈夫之才学,终有显赫于朝野的时候。若干年的贫贱相随后,她对陶渊明愈加懂得。她知道,他天性淡泊而倔强,虽有凌云之志,却未必能立足和闻达于仕途。既然如此,哪怕他永远寂寂无闻,她也愿意一生相随,不离不弃。对于陶渊明来说,有个这样理解他的妻子,实为人生幸事。

虽无诗酒唱和,但他们亦是相濡以沫多年。

风花雪月,柴米油盐,融合成一个词,叫生活。

日子寂静,波澜不惊。

五柳先生

广厦华服,玉盘珍馐,叫生活。

粗茶淡饭，布衣荆钗，也叫生活。

生活就是这样，富足便有富足的丰盈，清贫便有清贫的简淡。最重要的是，内心安澜无恙。如此，纵然身处陋巷茅庐，也能闲散度日，在一盏茶里体会时光的清浅。

陶渊明的生活，从不曾优渥过。事实上，很多时候，他都是以一介寒士自居。尽管如此，他很少沮丧。他是个诗人，对他来说，门前有山水，心中有渔歌，便能悠然自得。这不是自欺欺人，而是因精神世界足够丰盈而拥有的安贫乐道。对世俗之人来说，所谓的安贫乐道几乎就是不思进取的代名词，但对于诗人或者哲人来说，这就是境界。

日子艰难，陶渊明依旧不忘读书抚琴，偶尔还会小酌几杯。这是他自小培养的志趣。就像古时的许多高士，即使物质匮乏，也总能在精神世界里来去飘洒。显然，这些人是可以淡化物质生活而直取精神境界的。陶渊明崇拜这些人，读他们的传记和文字，渐渐地也有了属于自己的心灵疆域。那是独属于他的心怀与天高云阔。

陶宅前面有五棵柳树，是五六十年前所种。可以说，柳树与陶家有不解之缘。当年，陶侃在武昌军中，曾吩咐诸营种植柳树，一个叫夏施的都尉假公济私，将官柳种在自家门前，陶侃经过他家时，立即认出那是官柳。此事流传甚广，史家在写陶侃传时还将其作为一件逸事记了下来。不知道，陶宅门前这五棵柳树，是否为纪念此事而种。知道的是，某天陶渊明突发奇想，为自己取了个雅号，叫五柳先生。

五柳先生。千百年后，人们更喜欢如此称呼陶渊明。

细品这四字，便会有画面浮现于脑海。

竹篱茅舍，小径炊烟，种种与悠然有关的意象，都会呈现。

那早已成为一种印记，被岁月收藏。

说起五柳先生,人们就会想起恬淡悠然,想起田园绿野。

不少人认为,这个雅号是陶渊明晚年自娱而取。仔细想想,这更像是年轻时玩味生活而取。事实上,年轻的时候,人们更喜欢自我标榜。不管怎样,取"五柳先生"这个雅号,是陶渊明好古的表现,体现了他对于古代高士的景仰。

陶渊明不仅为自己取了雅号"五柳先生",还专门写了篇文章:《五柳先生传》。观文章之风格气象,更像是年轻时游戏笔墨而作。应该说,写这篇文章,与为自己取雅号,是同样的心理。

先生不知何许人也,亦不详其姓字,宅边有五柳树,因以为号焉。

闲静少言,不慕荣利。好读书,不求甚解;每有会意,便欣然忘食。性嗜酒,家贫不能常得。亲旧知其如此,或置酒而招之;造饮辄尽,期在必醉。既醉而退,曾不吝情去留。环堵萧然,不蔽风日;短褐穿结,箪瓢屡空,晏如也。常著文章自娱,颇示己志。忘怀得失,以此自终。

赞曰:黔娄之妻有言:"不戚戚于贫贱,不汲汲于富贵。"其言兹若人之俦乎?衔觞赋诗,以乐其志,无怀氏之民欤?葛天氏之民欤?

这篇通过对五柳先生这一假想人物的描述来用以自况的文章,抒发了陶渊明的志趣。文中描述了一个爱好读书、不慕荣利、安贫乐道、忘怀得失、率真自然的封建时代知识分子的形象。语言幽默风趣,而又颇显作者风骨。

魏晋之人很看重门第,而陶渊明劈头即说"先生不知何许人也",显示了对门第的漠视。高傲之中,也有多当时门阀士族的暗讽。他取名亦是极其随意,只因宅边有五棵树,便取"五柳先生"为号。可见,五柳先生不仅是个隐士，而且颇不重视姓字，用庄子的话说，"名者，实之宾也"，本就无关紧要。

其后，他写了自己的性情和志趣："闲静少言，不慕荣利。"这是五柳先生最突出并自以为傲的地方。他活得清雅，对虚名浮利不甚挂怀。也因此，他无需奔忙，悠闲自得。他喜欢读书，时常沉湎其中。而且，他读书，只为情趣，只为精神的愉悦。因此，每有会意，便欣然忘食。

五柳先生好酒，可谓无酒不欢。亲友们邀他前往饮酒，他总是乐此不疲，毫不拘束，一醉方休。这是属于他的率真。只是，因为家贫，有时候无酒可饮，很是无奈。

不管怎样，五柳先生是个知足的人。对于生活，他并无奢求。房舍简陋，日子素朴，但他怡然自乐。至此，一个得失随缘、宠辱偕忘的五柳先生，便跃然纸上了。

文章结尾，仿史家笔法，加了个赞语。这个赞语的实质就是黔娄之妻的两句话："不戚戚于贫贱，不汲汲于富贵。"不慕名利，不惧贫寒，这就是五柳先生。

陶渊明正是通过五柳先生"颇示己志"，表达自己的思想感情。文章最后有两句设问的话："无怀氏之民欤？葛天氏之民欤？"既表达了他对上古社会淳朴风尚的向往之情，又说明他是一位有着高尚情怀的隐士。

整篇文章，既表达自己淡泊高旷的志趣，又有对古代名士的仰慕。同时，也有对当时门阀社会风气的嘲讽。文章写毕，自己读一遍，陶渊明必是会心一笑，颇觉风轻云淡。将一腔心事于文字中道出，而又风骨独具，的确是一桩乐事。

五柳先生这个雅号，不知道从何时开始传开，反正《五柳先生传》这篇文章在当时流行甚广。《宋书·隐逸传》说："潜少有高趣，尝著《五柳先生传》以自况。"后萧统《陶渊明传》《晋书·隐逸传》也用此说。《南史·隐逸传》也说他"少有高趣,宅边有五柳树,故尝著《五柳先生传》云"。

或许,陶渊明写此文,并无标榜清高之意,但是客观上,这篇文章的确为他赢得了高逸的名声。他的诗文,也从此逐渐进入了人们的视野。同时期,陶渊明还写了首《九日闲居》,也曾被认为是晚年所作。不过,陶渊明晚年诗作,很少以"闲居"字眼为题。倒是年轻时赋闲的日子,他的诗多以此为题。

> 余闲居,爱重九之名。秋菊盈园,而持醪靡由,空服其华,寄怀于言。
> 世短意恒多,斯人乐久生。日月依辰至,举俗爱其名。
> 露凄暄风息,气澈天象明。往燕无遗影,来雁有余声。
> 酒能祛百虑,菊解制颓龄。如何蓬庐士,空视时运倾。
> 尘爵耻虚罍,寒华徒自荣。敛襟独闲谣,缅焉起深情。
> 栖迟固多娱,淹留岂无成。

重阳佳节,无酒可饮。

于是,莫名地,生出了无限的感叹。

人生不过刹那,光阴从不歇脚。世事流转间,青春尽逝,年华渐老。说起来,人生不过是一场漂泊。看似漫长,其实转眼之间,已过了许多春秋,到了暮色沉沉的时候。许是无酒可饮的悲凉,许是事无所成的不甘,让年轻的诗人发出了人生苦短的叹息。

秋高云淡,天朗气清。这样的日子,适合把酒篱下。但他的杯中空空如也。只有篱边秋菊,空自绽放。整敛衣襟,独自闲吟。寥落之情,溢于言表。

可见，闲居的日子，也不是只有悠闲。

秋光无限，无酒相对，终是辜负了。

宁固穷以济意

人生如河流。

曲折蜿蜒，激流险滩，都有过，才是完整的人生。

当然，我们总是希望，人生所到之处，多些日光烟雨，少些雾霭风霜。却也有人，渴望人生壮烈，如飞瀑，如大江，远离寂静和平庸。

总的来说，陶渊明的人生未曾经历太多波折，更没有大起大落。说来不过是，从清贫到静默，从率真到恬淡。花花世界，宫阙重楼，他几乎从未涉足。而是，始终在属于他的世界里，几分孤独，几分悠然。

年轻之时，陶渊明想过走入仕途，并且青云直上，以实现自己辅国济民的终极理想。而且，这样的愿望曾无比强烈，也曾为此远走四方。那是作为一个年轻人应有的尝试与冲击。然而，眼中的世界，混乱的时局，让他渐渐清醒，他的抱负在那个时代几无实现的可能。整个朝廷，并没有他立足的地方。远远望去，那里只有一群庸俗诡诈之人在上蹿下跳。于是，他进不去，也渐渐知道不值得进去。

不过，年轻的时候，他对功名的确有过热忱，也曾因为报国无门而失落和愤慨过。甚至，他还作了篇赋，题为《感士不遇赋》，表达内心的愤懑。那时候，他的心境与李太白觅仕进之途而被冷落的心境，一般无二。

对于《感士不遇赋》的写作时间，历来多有争议。最多的看法是，此赋作于陶渊明隐退之后。其实，陶渊明在退隐田园之后，心中应是一片澄清，对仕途早已了无念想，对于遇或者不遇也就没有多少强烈的态度了。倒是年轻的时候，入世之心强烈，而又难寻进身之途，心中多有激愤之情。

他之所以慨叹，并作文以记之，一方面是自己难寻机遇以展抱负；另一方面，那些年的朝廷上下，少的是清廉中正，多的是乌烟瘴气。蝇营狗苟者有之，尸位素餐者有之，真正有才学、有灼见的官员寥寥无几。整个朝廷，几乎都被门阀士族把持，寒素之士注定永远默默无闻。在极有抱负，想要展露满腹才学的陶渊明看来，这无疑是个悲剧。于是，他心中的不遇之感油然而生，并且写下了这篇《感士不遇赋》。在序言中，他写道：

昔董仲舒作《士不遇赋》，司马子长又为之。

余尝于三余之日，讲习之暇，读其文，慨然惆怅。夫履信思顺，生人之善行，抱朴守静，君子之笃素。自真风告逝，大伪斯兴，闾阎懈廉退之节，市朝驱易进之心。怀正志道之士，或潜玉于当年；洁己清操之人，或没世以徒勤。故夷皓有"安归"之叹，三闾发"已矣"之哀。悲夫！寓形百年，而瞬息已尽，立行之难，而一城莫赏。此古人所以染翰慷慨，屡伸而不能已者也。夫导达意气，其惟文乎？抚卷踌躇，遂感而赋之。

大概意思是：昔日董仲舒写过一篇《士不遇赋》，后来司马迁也写了一篇《悲士不遇赋》。我曾经利用冬闲、夜晚和阴雨天等闲暇之时，以及在讨论学习的空隙中，阅读了他们的作品，深为感慨而哀伤不已。遵守信义，不忘忠孝，是人类的美好品德；胸怀淳朴，心地清静，是君子恪守的素志。

自从淳朴的风尚消失，虚伪之风便开始盛行，廉洁谦让的操行在民间渐被淡忘，追逐高官厚禄的侥幸之心在官场上日益泛滥。一些胸怀正直、立志治世之士，正当壮年而隐居不仕；一些洁身自好、节操清廉之人，却徒劳终生。所以伯夷、叔齐和商山四皓都有"归往何处"的悲叹，三闾大夫屈原发出"算了吧"的哀怨。

他说，人生百年，转瞬即逝，身负才华与抱负，却无法建功立业，得不到应有的赐爵封地，实在是一件可悲的事。这就是古人慷慨挥笔，一再抒发而难尽其情的缘故。抚着古人的书卷反复思考，于是深有感触地写下了这篇文章。

咨大块之受气，何斯人之独灵！禀神智以藏照，秉三五而垂名。
或击壤以自欢，或大济于苍生；靡潜跃之非分，常傲然以称情。
世流浪而遂徂，物群分以相形。密网裁而鱼骇，宏罗制而鸟惊。
彼达人之善觉，乃逃禄而归耕。山嶷嶷而怀影，川汪汪而藏声。
望轩唐而永叹，甘贫贱以辞荣。淳源汩以长分，美恶分其异途。
原百行之攸贵，莫为善之可娱。奉上天之成命，师圣人之遗书。
发忠孝于君亲，生信义于乡闾。推诚心而获显，不矫然而祈誉。
嗟乎！雷同毁异，物恶其上；妙算者谓迷，直道者云妄。
坦至公而无猜，卒蒙耻以受谤。虽怀琼而握兰，徒芳洁而谁亮！
哀哉！士之不遇，已不在炎帝帝魁之世。

他说，人类禀受神情意志而拥有智慧，凭三才五常之道而得留名。或居乡野击壤游戏以自乐，或出仕途拯救天下之百姓。无论隐居还是出仕，都合乎本分，各适其情。也就是说，人生于世，本应各有归所。

其实，陶渊明想表达的是，真实的情况却并非如此。庸碌之人身居高位，贤达之人怀才不遇，只能流落乡野。高峻的山岭中有隐士的身影，广阔的河流上有隐士的歌声。不仅如此，许多贤能之士，即使隐退林泉，独善其身，还总是遭到误解与诋毁。世风日下，令人心忧。他说，之所以如此，是没有赶上炎帝、帝魁时的太平之世。

独祇修以自勤，岂三省之或废。庶进德以及时，时既至而不惠。
无爰生之晤言，念张季之终蔽。愍冯叟于郎署，赖魏守以纳计。
虽仅然于必知，亦苦心而旷岁。审夫市之无虎，眩三夫之献说。
悼贾傅之秀朗，纡远辔于促界。悲董相之渊致，屡乘危而幸济。
感哲人之无偶，泪淋浪以洒袂。承前王之清诲，曰天道之无亲。
澄得一以作鉴，恒辅善而佑仁。夷投老以长饥，回早夭而又贫。
伤请车以备椁，悲茹薇而殒身。虽好学与行义，何死生之苦辛！
疑报德之若兹，惧斯言之虚陈。何旷世之无才，罕无路之不涩。
伊古人之慷慨，病奇名之不立。广结发以从政，不愧赏于万邑。
屈雄志于戚竖，竟尺土之莫及；留诚信于身后，恸众人之悲泣。
商尽规以拯弊，言始顺而患入。奚良辰之易倾，胡害胜其乃急！
苍昊遐缅，人事无已；有感有昧，畴测其理！

尽管心有愤慨，但是这篇文章的主旨，并非因世情浑浊而避世，而是进德修业以求为世所用。陶渊明所举故人，也不是退隐林下的隐者，而是徘徊于仕途的用世之人。

陶渊明先是列举了汉代的两个人物，张季和冯唐。张季，字释之，为骑郎，十年不得调，若非受人举荐，将会永远被埋没；冯唐长期身处郎署，后获机遇，持节赦云中太守魏尚，得拜车骑都尉。他们的才能终有展现之处，算是幸运的，如贾谊、董仲舒这样的很多人，始终未得重用，郁郁终生。

然后，陶渊明又想起了伯夷与颜回，一个早夭，一个穷饿，生平悲凉。最后，陶渊明感叹汉代的李广与王商。李广年少即从军疆场杀敌，盖世之功封万户侯也不愧，然而雄心壮志辱于外戚小人，竟然未寸土封赏；王商竭力谋划拯救弊端，最终却被迫害。有感于这些古人的怀才不遇，陶渊明感慨道：

宁固穷以济意，不委曲而累己。既轩冕之非荣，岂缊袍之为耻？诚谬会以取拙，且欣然而归止。拥孤襟以毕岁，谢良价于朝市。

这篇《感士不遇赋》，主旨是抨击当时社会政治的腐朽与道德风尚的败坏，控诉了古代社会正直善良而又才华卓绝之人不是被埋没就是遭到毁谤谗害而常陷于进退两难境地的极大不幸，表达了陶渊明"宁固穷以济意，不委曲而累己"，决心保持高尚道德与纯朴情操而远离尘俗之网的思想。全赋激荡着诗人的激情，富于文学想象和词采，情感浓郁，充分体现了超旷高逸的审美趣味。

既然，仕途艰险，难得荣耀，那么，陋巷布衣又有何不可？

他说，此后人生，宁可固穷守节，也不委曲求全。

姑且欣然隐居避世，怀抱孤介之情安度此生。

当然，这只是年轻时的愤慨之语，并非真的从此不入仕途。事实上，后来的他不仅入了仕途，还几进几出，经历了十余年的纠结，才终于下定决心，归去田园。

卷三：仕途独饮寂寞

我们选择生活，或被生活选择。
无论怎样，我们总要学着与生活握手言和。
毕竟，穷途日暮，篱畔花开，都是生活。

初为江州祭酒

每个人，都是属于道路的。

离合聚散，起落浮沉，皆是我们必须经过的路。

身在红尘，就必然要将自己交给道路，漫长无际地行走，踩出欢喜与哀愁。遥远的路上，不断遇见亦不断离别，不断得到亦不断失去。一路之上，有山重水复，有柳暗花明，有云水相依，有雨雪飘零。归去的时候，我们将这漫长的路，称之为人生。

陶渊明的人生之路，是偏僻而孤独的。

但因心有桃源，便总像是，身在云水之间。

二十六七岁的时候，家庭境况越来越窘困，陶渊明不得不来到浔阳城里，做了一位教书先生以维持生计。对于满腹才学的他来说，教书自然是信手拈来之事。只是，他心中的远大志向仍旧沉寂。

远方的朝廷，此时仍是混乱不堪。谢安已离世八年，谢玄离世五年，谢氏的势力已不复存在，谢玄所培植的曾打败苻坚的北府兵力，已渐渐由其部下刘牢之掌握。同时，桓温之子桓玄的势力日渐强大。

孝武帝司马曜利用士族门阀人才断层的空档期，致力于冲破门阀政治的格局，恢复司马氏皇权，对司马道子委以重任，皇族权力得以提升。司马道子，字道子，河内温县人。东晋晚期宗室、权臣。晋简文帝司马昱第七子，晋孝武帝司马曜同母弟。初封琅琊王，后徙封会稽王。曾担任司徒、扬州刺史、录尚书六条事等重要职务。

孝武帝和司马道子皆嗜酒，司马道子任用小人，致令朝政渐见败坏；而孝武帝信任的臣下亦有不齿于司马道子党众的人，两派之间矛盾造成主相之间的斗争，朝政日趋昏暗。

但是，渐近而立之年的陶渊明，对仕途仍旧抱有希望。或者说，抱有幻想。那是个民不聊生的时代，而他是个有良知、有抱负的读书人。他渴望走入官场并有所成就，也是无可厚非之事。

其实，他的仕进之途也并非一片黯淡。青年时期的陶渊明，因其文赋与性情，在乡里颇有声名。《晋书》本传说他"少怀高尚，博学善属文，颖脱不羁，认真自得，为乡邻所贵"。晋代实行九品中正制，乡里的清议对一个人进入仕途很重要。尽管陶渊明并非刻意养望以求仕进，但他想要步入仕途，必不能忽视乡里的清议。因为名声不错，陶渊明终于得到了人生第一个官职。

晋太元十八年（公元393年），二十九岁的陶渊明来到江州，成为刺史王凝之的幕僚，任州祭酒。对心存大志的陶渊明来说，这几乎是个食之无味,弃之可惜的职位。但他还是带着清高的自己,前往赴任了。毕竟,景况不佳,没得选择。

王凝之,字叔平,书圣王羲之次子,中书令王献之的哥哥,东晋末年官员、将领、书法家,善草书、隶书。曾任江州刺史、左将军、会稽内史等。

黄长睿曾评论说:"王氏凝、操、徽、涣之四子书,与子敬(献之)书具传,皆得家范而体各不同。凝之得其韵,操之得其体,徽之得其势,涣之得其貌,献之得其源。"

不过,王凝之并非一个才华高妙的人,也并非魏晋风流的代表者。就算跟他的弟兄相比,也只能算是平庸者,考其一生,更是迂腐无比。深信五斗米道,孙恩攻打会稽时,不听手下进言,不设防备,祷告后相信已请得"鬼兵"助阵,与诸子一同遇害。

王凝之虽才学平庸,其妻子却是名闻天下。她便是东晋女诗人、宰相谢安的侄女谢道韫。《世说新语》中记载:谢安在一个雪天和子侄们讨论可用何物比喻飞雪。谢安的侄子谢朗说道"撒盐空中差可拟",谢道韫则说:"未若柳絮因风起。"因其比喻精妙而受到众人的称许。也因为这个著名的故事,她与汉代的班昭、蔡琰等人成为中国古代才女的代表人,而"咏絮之才"也成为后来人称许有文才女性的常用词语。

陶渊明此次入州府任祭酒,源于王凝之对其才学的欣赏。但是,祭酒一职显然不是陶渊明心仪的职位。"祭酒"一词历史悠久。早在战国时期,齐国就在自己的专业智囊机构——稷下学宫中设立了主管诸子百家的祭酒。汉代以后,"祭酒"主管的多是教育、祭祀、谏议等事务。中国古代的最高学府是国子监,属中央教育机构,主管这些最高学府的教育行政长官就是祭酒,与现在的大学校长相似。唐代的韩愈、明代的崔铣都曾担任过国子监祭酒。

不过,此祭酒非彼祭酒。陶渊明所任的江州祭酒,只是个幕僚职位。这个职位创设于东晋书法家王羲之,也就是王凝之的父亲。据《宋书·百官志下》记载,"(州)自主簿以下,置入多少各随州,旧无定制。"也就是说,晋朝地方官编制、权责等设置和运用,与地方官个人意志有很大的关联,正因为有这样,王羲之在江州刺史任上设置了江州祭酒一职。

又据《宋书·百官志下》记载:"州祭酒分掌诸曹,兵、贼、仓、户、水、铠,扬州无祭酒,主簿治事。"大概,陶渊明的职责就是协助刺史处理兵戎、治安、田租、户口、祭祀、农桑、水利、兵器等地方事宜,烦琐而无味。

关于出仕为官的原因,陶渊明的说法始终是为了生计。他在《饮酒》其十九中说:"畴昔苦长饥,投耒去学仕。将养不得节,冻馁固缠己。"另外,在《归去来兮辞》序言中说到任彭泽县令一事,他写道:

> 余家贫,耕植不足以自给。幼稚盈室,瓶无储粟,生生所资,未见其术。亲故多劝余为长吏,脱然有怀,求之靡途。会有四方之事,诸侯以惠爱为德,家叔以余贫苦,遂见用于小邑。

为生计而为官,奔走于仕途,这也合乎情理。其实,年轻的时候,陶渊明有着匡扶天下的勃勃雄心。他之所以委身官场,主要是为了实现其不俗的抱负。他之所以在诗文中多次说自己做官是为了生计,大概是因为数次为官,皆不得重用,终于失落地离开。既然在所谓的仕途上并无实现理想的可能,他便只好将几次出仕为官解释为谋生行为。

我们不知道,陶渊明到底有怎样的治国济世才能,毕竟,他为官的岁月皆身份低微，并无施展才能的机会。但我们知道，他是个天才诗人，也是个真正意义上的诗人。他的人生，也因为诗而熠熠生辉。

或许，他自认为有着经天纬地之才，但未必真有卓绝的政治才能。他是个诗人，政治家应有的冷静与狠辣，以及进退趋避之道，他也许并不具备。与其曾祖父陶侃以及外祖父孟嘉相比，他的政治远见与才华，显然是远远不及的。他向往仕途，希望在官场大有作为，但是谁都知道，仕途险恶，风云变幻莫测，而且多的是诡诈倾轧，少的是和谐安澜。以陶渊明淡泊简单的性情，显然不适合阴晴难测的官场。

至于安邦定国夙愿，注定被现实淹没。既然如此，在后来的岁月，说起自己数次为官的经历，他只能说是生计所迫。理想二字，只字不提。也是无奈。

现在，陶渊明身为江州祭酒，日子并不快活。公事烦琐，很快他就唯恐避之不及了，却只能勉力为之。也许，成为祭酒的第一天，他就开始厌倦了。很显然，那不是他想要的生活。

走出官署，外面的世界月朗风清。

他知道，他想要的是自在，如云般飘然来去。

被拘束的日子，他难得欢颜。

辞官赋闲

一帘风，一帘月。琴书诗酒相伴。

陶渊明喜欢这样的日子，远离尘嚣是非。

自然地，也要远离羁束和那些烦琐之事。

而江州祭酒这个职位，恰恰将他束缚在那里，不得自由。可以想象，他每天的生活大概是这样：晨起开始入官署办公，直到黄昏才头昏脑涨地离开。除了琐碎的公事，他还要面对官场上纷乱的人事，还得对州府里的长官们低眉顺眼。显然，对于天性倔强的陶渊明来说，这样的生活没有半点趣味。

另外，王凝之这个人，虽然欣赏陶渊明，但他本人才学浅薄，为官也并无过人之处。而且，他信奉道教，据说经常在府中举行斋醮仪式。堂堂宰相王导之侄孙，迷恋于道教闲事，全无匡扶社稷之心。想必，陶渊明是瞧不上他的。既然刺史都是这等模样，那么在州府做个祭酒，陶渊明定然是心不甘情不愿的。

总之，江州祭酒未做多少时日，陶渊明便决定放弃了。地位低微，却又事务繁杂；身在官署，受尽拘束与折磨；对刺史王凝之很是鄙夷。这些都是他离开的原因。另外，他也受不了官场中那种谄上骄下、胡作非为的腐朽作风。不久后，陶渊明辞去祭酒之职，离开了江州。尽管，生计的问题仍旧摆在面前，他还是义无反顾地辞去了官职。到底，他是个天生的诗人，只有将自己放逐在田园芳草或者渔歌山水之间，才能找到快乐。

或许，离开的时候，王凝之也曾挽留。但他只简单地说了句："我意已决。"没错，他早已做出了决定。既然已经厌倦，便再无留下的可能。有时候，他很决绝。

很快，江州就在他的身后了。官场之事，已告段落。

回想那段时间，就像是一场浑浊不堪的梦。

影影绰绰的人们，在梦里游走，满是腐朽的气味。

他知道，他想要的仕途不是那样。他的抱负，也不是那样的官场所能实现。事实上，身在那个地方，他不仅壮志难酬，而且还会落得满身萧索。

如果说，那段日子有好处，那就是让陶渊明看清楚了官场的真实模样。那里的人们，尔虞我诈，蝇营狗苟。可想而知，朝廷里面，也大抵如此。一群不知所谓的人，做着不知所谓的事。至于家国社稷大事，即使有人过问，也不过是为了满足一己私欲。真实情况也的确如此，东晋王朝到这个时候，只剩苟延残喘的气息了。

山就在那里，水就在那里；诗就在那里，酒就在那里。

离开了官场，陶渊明重拾闲逸散淡。

为了生计，他仍旧需要躬耕陌上。他早已习惯了躬耕自资，因此乐意为之。而且，他有大把时间来读书。偶尔小酌于轩下，弹几曲琴，写几首诗，日子仍是这般疏朗写意。可以说，只有在这样的生活里，他才是真正的陶渊明。

有趣的是，陶渊明辞去祭酒之职，客观上反而提高了自己的声望，使他成为州府关注的人物。不久后，州府又召他做主簿，但陶渊明心知，这个职务比祭酒还要麻烦，便婉言谢绝了。既然已经寄身田园，他便不会轻易走入官场，受羁绊之苦。

陶渊明辞去州祭酒之职，后来又推辞州府辟命，除了上述原因，还可能与当时对于出仕资格的一些观念有关。晋代的仕进，有门阀背景的，因为能在九品中正中得到较高品第，能够以清官起家。而寒素之士，虽然声望不错者，也能出仕为官，但大都只能从州府辟命开始。然而，州郡吏职属于浊官之流。因此，不少人以拒绝辟命来显示自己的高洁。陶渊明辞职以及谢绝辟命，应该也有这方面的原因。后来，州府再度征辟，陶渊明仍选择了谢却。

虽然身为江州祭酒的日子并不长，但陶渊明留下了一首《劝农》诗。晋代制度，每当农月，各郡县都要派遣官吏下乡劝农。陶渊明对农耕之事颇有兴趣,因此虽是应付州府差事,却饶有兴致地写了首《劝农》诗。

悠悠上古,厥初生民。傲然自足,抱朴含真。
智巧既萌,资待靡因。谁其赡之,实赖哲人。

哲人伊何?时维后稷。赡之伊何?实曰播殖。
舜既躬耕,禹亦稼穑。远若周典,八政始食。

熙熙令德,猗猗原陆。卉木繁荣,和风清穆。
纷纷士女,趋时竞逐。桑妇宵兴,农夫野宿。

气节易过,和泽难久。冀缺携俪,沮溺结耦。
相彼贤达,犹勤垄亩。矧伊众庶,曳裾拱手!

民生在勤,勤则不匮。宴安自逸,岁暮奚冀!
担石不储,饥寒交至。顾余俦列,能不怀愧!

孔耽道德,樊须是鄙。董乐琴书,田园弗履。
若能超然,投迹高轨,敢不敛衽,敬赞德美。

这首诗共六章,第一章言上古之时百姓的朴素生活。第二章追述后稷播殖自给,舜禹躬耕稼穑,都十分重视农业劳动。第三章写古代士女竞相耕作,时代清明,农人安然自逸。第四章写古代贤达之人尚且躬耕,众人庶士更当勤于耕种,以保自安。第五章谈耕作的重要性。"民生在勤，勤则不匮"是劝农的根本所在，否则便会斗米不储，"饥寒交至"。第六章反面强调要重视农耕，孔子、董仲舒专心学业，不事农耕的行为高不可攀，借以批评那些既不劳作又不进德修业的人。

全诗环环相扣，强调农耕对生计的重要意义，即便舜禹那样的贤君，贤达的隐士，都躬耕自保，更何况普通的老百姓呢？然劝农躬耕是其一意。诗人于劝农耕作中呈现出的"卉木繁荣，和风清穆"的上古气象，"傲然自足，抱朴含真"的淳朴民风，是其真正仰慕的对象。诗人写景观物，情致高远，无不体现出旷远的性情。

晋代玄虚之风盛行，当时的许多官僚，即使下乡劝农，也不过是虚张声势，做个样子而已。陶渊明则是很认真很实在地写了这首诗，从农业的根源到发展，再到荒废农业的后果，对农人加以恳切的规劝。

事实上，因为玄虚之风流行，当时不少普通庶民也深受影响，往往轻视实务，崇尚浮华虚旷之风气。农民中较富裕的，也学着贵族的派头，以致耽搁甚至荒废了农务。对此，陶渊明很是忧虑。这首诗的主旨就是，劝说农人们莫要学贵族派头，要规规矩矩、勤勤恳恳地耕作，以免造成不必要的生计难题。

一首劝农诗，写得洋洋洒洒。这就是诗人的潇洒。

然后，他更加潇洒地，辞去了官职，远离了羁绊。

而立之年，就世俗逻辑来说，正是事业渐有所成的时候。好不容易有机会入了州府，做了祭酒，是不该轻易辞去的。但别忘了，陶渊明是个诗人。他可以忍受饥寒，可以抵御风雨飘零，但受不了琐碎的官场事务，也受不了官场尔虞我诈的作风。自然地，他也受不了以澄澈性情，去面对官场上无味的逻辑。

我想，对于真正的诗人来说，不论什么年纪，都该是无拘无束的。如此，他们才能成为江山风月的主人,吟风弄月,把酒赋诗。陶渊明,自号五柳先生,他有一颗诗心,有一份永不褪色的天真。他本就是属于诗酒田园的。

离开州府后的数年,陶渊明过的依旧是从前的生活,半耕半读,乐不思蜀。自然,我们不能用世俗的逻辑来要求他。正当年华壮盛,就选择了闲逸,与诗酒草树为邻,这显然不是寻常人可以理解的。但他是个诗人,饮几杯酒,写几首诗,生命便可丰盛起来。与此相比,身外之事,仕途名利,就显得乏味和苍白多了。

许多个日子,陶渊明都过得悠闲而坦然。春有百花秋有月,夏有凉风冬有雪。这些物事,他都可以随意拾起,蘸几分酒意,吟咏成诗。或者,于黄昏月下,独自抚琴。那是他与自己的真诚对话。

琴书诗酒,乐在其中。日子闲散。

至于世人如何评说,他似乎无暇理会。

对他来说,有诗有酒,有风有月,就足够了。

何况,他拥有完整的自己。

当时只道是寻常

人生于世,避不开无常二字。

往往是,刹那风起,故事就乱了。

就像,花开花谢,月圆月缺,在这世上,每个人都必然会经历聚散离合。尘缘有定,谁都避不开。曾经同行或相爱的人们,不知从何时开始,已是人各天涯。故事里,起起落落,分分合合,都在斯须之间发生。我们无力回避,只好凄然面对。然后,在不断的悲喜聚散中,学着忘却,学着从容。

　　回到故里,陶渊明的日子本是明亮而恬淡的。躬耕之余,饮酒读书,对这诗人来说,这便是丰盈的日子。然而,突然之间,生活给了他无尽的悲伤。那就是,妻子王氏因病离世。虽然陶渊明的诗中不见王氏的踪影,但毕竟是结发妻子,她的突然离世,对陶渊明和他本就困窘的生活,是个极大的打击。

　　陶渊明在《怨诗楚调示庞主簿邓治中》诗中写道:"弱冠逢世阻,始室丧其偏。"《礼记·内则》说:"(男子)三十而有室,始理男事。"因以"始室"指三十岁。也就是说,陶渊明三十岁的时候,妻子离世。

　　他们相处数年,或许没有诗酒唱和的美好,却也是相濡以沫,一路携手同行。那个女子虽无倾城之貌,不似陶渊明《闲情赋》所写女子那般风姿绰约,但她任劳任怨,对陶渊明的母亲亦是孝敬有加。日子贫寒,她始终勤勤恳恳,细心地操持着一家的生活。陶渊明沉浸于琴书,她也从无怨言。她或许不能懂得陶渊明诗人的悲喜,但她的确是个知冷知热的女子。

　　但是现在,这个年轻的生命离开了人世。看着冰冷的她,陶渊明心如刀绞。曾经,她为他烹茶研墨,给了他踏实的温暖。现在,她猝然离世,他的世界一片凄凉。

　　六百多年以后,苏轼的原配妻子王弗去世,苏轼悲伤了许多年。曾经,情深意笃,相敬如宾。突然间,人间天上,两不相知。十年后,旷达如苏轼,独立孤坟,忆起往事,仍是悲不自胜,只能将悲伤诉诸文字:

　　十年生死两茫茫。不思量,自难忘。千里孤坟,无处话凄凉。纵使相逢应不识,尘满面,鬓如霜。

夜来幽梦忽还乡。小轩窗,正梳妆。相顾无言,惟有泪千行。料得年年肠断处,明月夜,短松冈。

又过了六百多年,那个叫纳兰容若的才子,为亡妻写了许多首词。然而,斯人已逝,写再多词,也终是独自的怅惘。生离还有重逢的可能,死别却是永远的了无消息。花落了无痕,忆起花开的画面,不过是平添感伤。

飞絮飞花何处是?层冰积雪摧残。疏疏一树五更寒。爱他明月好,憔悴也相关。
最是繁丝摇落后,转教人忆春山。湔裙梦断续应难。西风多少恨,吹不散眉弯。

谁念西风独自凉,萧萧黄叶闭疏窗。沉思往事立残阳。
被酒莫惊春睡重,赌书消得泼茶香。当时只道是寻常。

往事浮浮沉沉,人注定要沦陷,从迷惘到疼痛。

西风萧瑟,黄叶漫天。沉思往事,残阳饮血。纳兰就在其中。

关了窗,却关不住秋凉,心早已在秋风中流浪了。

纳兰喜欢饮酒。那时候,他每次醉酒沉睡,妻子总在身边静静地守护着,若有人来,就会静静地摆手示意,以防吵醒他。因这份体贴,他仿佛一直睡在春天里。

李清照《金石录后序》说,她常与丈夫赵明诚比试看谁的记性好,比如,某事载于某书某卷某页某行。经查原书,胜者可饮茶以示庆贺,有时太过高兴,会让茶水泼湿衣裳。

纳兰与妻子，从前也是烟火神仙，品诗论画，赌书泼茶，羡煞旁人。但这样的生活，仅仅三年就成了过往。她去了，他枕着回忆悲伤。那些泣血之词，说到底，不过是自我安慰。从前的月圆花好，后来的沧海桑田。不堪思量。

冒辟疆与董小宛倾情相爱，才子佳人，乱世风雨中不离不弃；沈复与芸娘青梅竹马，终于结为伉俪，齐眉举案。这两段爱情，都曾是风轻云淡的模样。偶尔，莳花种草，听风看雨；偶尔，课书论古，品月评花。

但他们，都输给了世事无常。所有的缱绻快意，刹那间散入了风尘。董小宛与芸娘，都是红颜早逝。冒辟疆与沈复也是深情之人，前者写了本《影梅庵忆语》，后者写了本《浮生六记》。为一场爱情，专门写一本书来纪念，总算不负曾经的遇见和那些相濡以沫的日子。

陶渊明与妻子，至少在他的文字中，不曾有过临风把酒、对月倾谈的画面。但这并不表示他们不曾情深意笃。有时候，寻常的日子，粗茶淡饭，岁月安详，纵无卿卿我我，也是无言的美好。妻子在的时候，陶渊明知道，无论身在何处，总有个地方可以归去。妻子离世，他的生活成了真正的流浪，没有归途。

他不曾为她写诗，但他心里有过彻骨的疼。也许，不着痕迹的悲伤，反而更加深入心髓。忆起从前，许多日子看似平淡，却是温情款款的。却只是从前。她去了，那些温暖便戛然而止。

陶渊明，许多日子，无言独立，黯然销魂。

当时只道是寻常。是纳兰的叹息，也是他的叹息。

但是，日子并不因为谁的悲伤而停下脚步。在一次次的离合悲欢之后，我们总会认清生活的模样。即使如此，我们仍要在生活里行走。生活二字，是我们注定要跋涉其中的江海。

我们也终要在其中完成生命的泅渡。

那便是，变得沉静，变得开阔，变得淡然。

然后，停下脚步，与生活倾谈对酌。

笑红尘风雨，笑世事无常。

葬了妻子，陶渊明的生活重归寂静。只是，同样的诗酒，添了些惆怅。这个寥落的诗人，还有很长的人生要去穿越。关于入世与出世，关于仕途与田园，他还要费很大心力去思索。

陶渊明一生有五个儿子：陶俨、陶俟、陶份、陶佚、陶佟。王氏到底有几个子嗣，我们不得而知。不过可以肯定的是，早在陶渊明出任江州祭酒之前，长子陶俨已经出生。可想而知，在妻子离世后，陶渊明定会勤勉教导陶俨，望其成才。他在《命子》中先是追述祖先功业，接着勉励长子陶俨继承祖辈家风，努力成才："名汝曰俨，字汝求思。温恭朝夕，念兹在兹。"

然而，事与愿违，陶俨资质平庸，并未成为光耀历史的人物。他在正史上的身份，仅仅是寥寥数字：陶渊明长子。实际上，陶渊明另外几个儿子也都不曾显赫。甚至，连乃父把酒篱下、悠然田园的志趣都不曾学得。

陶渊明有首《责子》诗，诗云："白发被两鬓，肌肤不复实。虽有五男儿，总不好纸笔。阿舒已二八，懒惰故无匹。阿宣行志学，而不爱文术。雍端年十三，不识六与七。通子垂九龄，但觅梨与栗。天运苟如此，且进杯中物。"

大概意思就是说：老夫我有五个儿子，没有一个喜欢纸笔文赋。阿舒已经十六岁了，论懒惰，无人能相比。阿宣快十五岁了，还是无心学习。阿雍、阿端十三岁了，连数六和七都不会。通儿快九岁了，每天只知道找梨子和板栗吃。

看着像是指责，读来却是满满的老父亲心理。面对这样一帮孩子，他并没有生气，只是以风趣幽默的口吻责备儿子们不求上进，与自己所希望的差距太大。终究，有人天赋异禀，有人资质平庸，强求不得。他自己是天生的诗人，但不能强求儿子们也同样出众，惊才绝艳。

实际上，对很多事，陶渊明都看得很淡。儿子们资质平平，他也只有苦笑而已。更何况，世道昏暗艰险，纵有满腹经纶，又哪里能出人头地？倒不如，做个寻常之人，远离功名与是非。

现在，陶渊明仍处于妻子离世的悲伤之中。忆起从前，那些平淡的日子里，王氏从无抱怨之辞，只是淡淡地笑着。她是个温柔而坚强的女子，对待丈夫，她做到了倾尽温柔；对待生活，她亦是不卑不亢。可是现在，她离开了。他的世界荒芜了许久。

刹那灯火熄灭，尘缘落地成灰。故事便有了结局。

世间许多事，经得起任何推敲与猜测。

比如尘缘。刹那风起，就散了。

续弦之后

天边有月，篱下有酒。

如此，弹琴写诗，日子也就意趣无穷了。

若是孑然一身，自然可以如此。但是陶渊明不能如此。他有家人要照管，有儿子要抚养，不能只是留恋于山水，醉心于诗酒风月。很多现实的问题，都需要他亲自去解决。因此，他又走入了一场婚姻。

在结发妻子王氏去世大约两年以后，继配夫人翟氏进了陶家的门。

在一个很寻常的日子里,她嫁给了陶渊明。陶渊明在当地声名不小,而且温文尔雅,她对他甚是满意。

翟氏是个贤惠善良的女子,对生活并没有什么奢望。对她来说,日出而作,日落而息,简单度日,没什么不好。应该说,她是个上得厅堂,下得厨房的女子,把家里打理得非常得体。正是这女子,一直陪着陶渊明走向终老。

据文献中记录:"其妻翟氏,能安苦节。"萧统的《陶渊明传》中,最后写道:"其妻翟氏亦能安勤苦,与其同志。"可见,翟氏与陶渊明性情相投,都是安贫守节的人。对于陶渊明归隐田园的心愿,翟氏比较支持。也正因为有了这个通情达理的妻子,陶渊明恬淡悠然的隐居生活,才得以实现。

同时,翟氏是个善于持家的女子。萧统《陶渊明传》记载了这样一件事情:陶渊明做县令的时候,准备让人把所有公田都种上可以酿酒的高粱,并且得意地说:"这下子我可以尽情陶醉在酒中了。"可是,妻子翟氏坚持要种稻子。最后的结果,陶渊明做了让步,二顷五十亩种了高粱,五十亩种了稻子。

可见,翟氏的确具有很好的持家能力。在陶渊明流连诗酒的时候,翟氏认真地盘算和操持着生活。有了翟氏的料理,陶家的生活重新步入正途,虽然贫寒,却是秩序井然。正因为如此,陶渊明自己才能安心抚琴写诗,过他纵情诗酒的日子。

后来,陶渊明辞去彭泽县令,回到故里。他在《归去来兮辞》中写道:"童仆欢迎,稚子候门。携幼入室,有酒盈樽。"可见,为了迎接他的归去,家里还举行了一个小小的欢迎仪式。

从这番隆重欢迎的安排中,我们可以隐约看见翟氏的形象。她不仅是理家抚幼、能干贤淑的女主人,更是善解人意、温柔贤淑。家境清贫,陶渊明辞官归家意味着什么,她自然明了。但她,对此并无怨言,经过一番忙碌,为丈夫备好一壶酒,并且斟了满满一杯,只为给丈夫接风洗尘。孩子们欢呼雀跃的时候,她默默地站在背后,面带微笑地看着他们。她理解丈夫的心理,看到他的眉头是舒展的,自己也感到快慰。

或许可以说,翟氏是懂得陶渊明的。她知道他诗人的骄傲与清高,也知道他身在官场的苦楚与煎熬。自然地,她也知道,只有身在田园,流连诗酒,纵情云水,他才能活得自在。因此,他辞官归家,她不仅没有怨言,还设宴迎接。

必须说,这是个了不起的女子。她嫁给了陶渊明,便接受了他的一切。比如,他的淡泊名利;比如,他的田园牧歌。身为女子,她当然想过得丰盈优渥,但他心知,丈夫是个十足的诗人,他能躬耕田野,已属不易,不能对他要求更多。当然,心里偶尔有些不满和埋怨,也在情理之中。终究,她也是个正常的女子。于生活,她不无物质方面的期许。

不过,也有不少人认为,陶渊明与翟氏的婚姻生活,并不似想象中那般平静和谐。他们说,翟氏过得很不快活;他们说,陶渊明对翟氏颇有微词。大概是因为,陶渊明诗赋中正面提到妻子的,几乎找不到。偶有提及,也并无夸赞之语,倒是有几分不满之意。

陶渊明在《与子俨等疏》中写道:"但恨邻靡二仲,室无莱妇,抱兹苦心,良独内愧。"二仲,指汉代的两位隐士羊仲、求仲。莱妇是指老莱子的妻子。传说春秋时楚国的老莱子,在蒙山之南隐居躬耕。楚王重礼聘他为官。其妻竭力劝止他,说道:"今先生食人酒肉,受人官禄,为人所制也,能免于患乎?"于是老莱子便与妻子一起逃隐到江南。渊明这两句的意思是,在邻居中我没有志同道合的隐士朋友,在家里我没有像老莱子妻子那样甘于贫苦隐居生活的妻子。

或许是这样，翟氏虽支持陶渊明隐于人海、过安贫乐道的生活，但是在日子困窘的时候，难免因心有不甘而生出几句唠叨。毕竟，她只是个寻常女子，再欣赏丈夫的才华，终究还是希望生活能够过得舒适。而这，在极度追求精神自由的陶渊明看来，就是对他隐居生活的不满。

在陶渊明的诗文中，屡次提到一些古代高洁的隐士，兼及隐士的妻子。这些人都是甘心隐居，过贫苦生活的，甚至他们的妻子还鼓励丈夫这样做。比如渊明诗文提到的黔娄和黔娄的妻子。《咏贫士七首》："安贫守贱者，自古有黔娄。"《五柳先生传》："赞曰：黔娄之妻有言：'不戚戚于贫贱，不汲汲于富贵。'其言兹若人之俦乎。"尤其是《五柳先生传》，引的竟然是黔娄之妻的话，古人很少在诗文中引用女人的话的，可见渊明是多欣赏她了。另外如《咏贫士》其七：

昔在黄子廉，弹冠佐名州。一朝辞吏归，清贫略难俦。
年饥感仁妻，泣涕向我流。丈夫虽有志，固为儿女忧。
惠孙一晤叹，腆赠竟莫酬。谁云固穷难？邈哉此前修。

这诗里面写了黄子廉辞官，家境清贫，妻子儿女都很痛苦，挨饿时妻子对着他哭。但是黄子廉还是固穷守节，坚守住了清贫，并没有为了改善妻子儿女的生活，再入仕途。陶渊明写这首诗，恐怕是借古人来写自己的生活。

陶渊明所过的，纯粹是诗人的生活。他之所以辞官，就是因为官场的生活与他诗人的心性难以相容。至于辞官后家人将要面对的境况，他心里清楚，却也是无可奈何。终究，一个诗人，与物质生活，与红尘俗世，本就是有很大距离的。甚至可以说，诗人之所以是诗人，就是因为他们能够远离真实世界的是非纠葛，远离物质生活的细枝末节，而直取性灵之自由高远。以俗世之人的标准去要求诗人，显然是不合适的。

在寻常世人看来，陶渊明也好，李白也好，他们的生活方式就是自私和不负责任。但是没办法，诗人要在他们的精神世界里上天入地，就注定与现实世界的生活和逻辑背道而驰。实际上，陶渊明躬耕田野，已是诗人里面最具烟火气息的了。

当然，有些事情，陶渊明做得也的确很欠考虑。除了上面所讲的在公田种高粱或稻子之事，萧统《陶渊明传》中还记载了一件事："先是颜延之为刘柳后军功曹，在浔阳与渊明情款，后为始安郡，经过浔阳，日造渊明饮焉。每往，必酣饮致醉……延之临去，留二万钱与渊明。渊明悉遣送酒家，稍就取酒。"

朋友颜延之送给他二万钱，他并没有想着拿出部分来养家，便都送到酒家了。可见，对于生活，陶渊明缺少长远的打算。对于此类事情，翟氏定然会有怨言。她理解陶渊明作为诗人的生活选择，但家境困窘，这样的事情她肯定不会不闻不问。

陶渊明说"室无莱妇"。其实，作为诗人的妻子，翟氏做得已是极好的了。试问这世间，有几个女子能接受丈夫有满腹才学，却整日流连于诗酒？又几个女子，能与一个诗人不离不弃，忍受清贫的日子？陶渊明偶有怨言，大概是因为，他是个十足的诗人，而且是个完美主义者。

他是个隐士，采菊种豆，乐在其中。

妻子贫贱相随，始终不离不弃，这就是一桩幸事。

她会为他烹茶煮酒。偶尔，温一壶月光下酒。

这就够了。不该苛求太多。

再度出仕

其实，生命只如尘埃。

随世事飘零，春秋冬夏，南北西东。

所有的旅途，原本都是流浪。一路行走，一路凄迷。我们曾经认定的方向，后来终于发现，不过是无可奈何的世相迷离。永远是这样，走着走着，山重水复，不知前路几何，亦不知归途何处。

某年某日，蓦然回首。

终于发现，所谓归途，不过是从前的自己。

未必千里迢递，却又是咫尺天涯。

可以说，诗人是最接近本来的自己，也最能与自己把盏倾谈的。他们，抛却繁华与是非，远离喧嚣与羁绊，与山水草木为邻，便能临近真实的自己。陶渊明便是如此。很多时候，他自斟自酌，其实就是会晤澄澈的自己。那时候，世间的繁华与喧嚷，都与他无关。他喜欢那样的生活，也喜欢那样的自己。

转眼之间，辞去祭酒之职已过去了数年。陌上人间，从未有过太平。事实上，正好相反。上至朝廷宫阙，下至地方乡野，始终是喧杂凌乱。东晋王朝日渐衰弱，黎民百姓仍旧苦不堪言。陶渊明那颗济世之心，未曾熄灭，却是瘦弱了不少。礼崩乐坏的年代，所有的雄心壮志，都少有落脚之处。

太元二十一年（公元396年），陶渊明三十二岁。晋孝武帝司马曜驾崩，死得十分窝囊。孝武帝的皇后是"嗜酒骄妒"的王法慧，她在太元五年（公元380年）去世，此后孝武帝未再立后，而是宠幸淑媛陈归女和张贵人。

这年九月二十日，孝武帝在后宫清暑殿中与张贵人一起喝酒。孝武帝喝多了，对张贵人开玩笑说："你年近三十，美色大不如前，又没生孩子，白占着一个贵人的名位，明天我就废了你，另找个年轻貌美的姑娘。"张贵人听了后妒火中烧，而烂醉如泥的孝武帝毫无察觉，玩笑越开越厉害，张贵人遂起杀心。等孝武帝和宦官们纷纷醉倒睡去后，她召来心腹宫女，用被子把睡梦中的孝武帝给活活捂死了。

孝武帝驾崩后，太子司马德宗即位，即晋安帝。此后，以司徒、会稽王司马道子为太傅摄政。司马道子重用小人王国宝和王绪，朝廷政治更加昏暗腐朽。

晋安帝隆安元年（公元397年），青兖二州刺史王恭起兵讨伐王国宝，得殷仲堪响应。不久朝廷畏惧，故杀王国宝、王绪以息事宁人，王恭亦罢兵。

王恭举兵以后，司马道子忧虑王恭和殷仲堪的威胁，于是引司马尚之和司马休之为心腹。隆安二年（公元398年），桓玄请求朝廷让他任广州刺史，而司马道子亦忌惮他，不想他继续盘踞荆州，于是下诏以他督交广二州军事、建威将军、平越中郎将、广州刺史、假节。桓玄受命后却不赴任。同时司马道子听从司马尚之多树外藩，不料却因削夺了豫州刺史庾楷都督地区而令其劝王恭再度举兵，王恭遂于当年联结桓玄、殷仲堪等举兵讨伐司马尚之兄弟，桓、殷亦奉其为盟主。殷仲堪认为王恭这次必能成功，于是积极参战，更分五千兵给桓玄，紧随担任前锋的南郡相杨佺期顺江南下。

杨、桓二人到湓口时，亦为讨伐对象的江州刺史王愉逃奔临川，但被桓玄派兵追获。及后虽然庾楷大败给司马尚之，前来投奔桓玄，但桓玄也于白石大败朝廷军队。及后虽然王恭因刘牢之倒戈而败死，但桓玄和杨佺期进至石头城，迫使司马元显回防京师，并命丹阳尹王恺守石头城。不过，因为刚刚背叛王恭的刘牢之率北府军入援京师，桓玄和杨佺期因畏惧而撤回蔡洲（今江苏江宁县西南江中），继续与朝廷军对峙。

当时司马道子打算利诱桓玄和杨佺期，令二人倒戈攻击殷仲堪，于是以桓玄为江州刺史，杨佺期为雍州刺史，而殷仲堪就被贬广州刺史。此举令殷仲堪大怒，命桓玄和杨佺期率兵进攻建康。当时殷仲堪从弟弟殷遹口中又听闻杨佺期也决定受命，于是开始撤军。随着殷仲堪撤退，杨佺期部将刘系亦先行撤退，桓玄等大惧，又狼狈西退，直至浔阳（今江西九江市）追上殷仲堪。

殷仲堪既失荆州刺史，倚仗桓玄为援；而桓玄本身亦要借助殷仲堪的兵力，故此据势相结，殷仲堪与杨佺期因着其家世声望，共推桓玄为盟主，皆不受朝命。朝廷见此大为恐惧，唯有下诏安抚，并让殷仲堪复任荆州刺史，并下诏加桓玄都督荆州四郡，桓玄等人才罢兵而还。于是，桓玄成了能够抗衡司马道子的人物。

隆安二年（公元398年），已经隐居数年，三十四岁的陶渊明再度出仕，担任了桓玄的幕僚。对于此番出仕的初衷，我们只能推测。习惯了躬耕生活，喜欢清雅寂静的陶渊明，再度出山，入桓玄幕府。或许，在陶渊明看来，器宇不凡的桓玄，能够还朝廷以清正之气。而他自己，或许能有施展抱负的机会。

桓玄，字敬道，小字灵宝，谯国龙亢（今安徽怀远龙亢镇）人，东晋将领、权臣、大司马桓温之子。形貌瑰奇，风神疏朗，袭爵南郡公，世称"桓南郡"。先后消灭殷仲堪和杨佺期，除掉执政的司马道子父子，把持朝权。历任侍中、都督中外诸军事、丞相、录尚书事、扬州牧，领徐州刺史，相国、大将军，晋封楚王。

元兴二年（公元403年），威逼晋安帝禅位，在建康（今江苏南京）建立桓楚，改元"永始"。不久，刘裕举北府兵起义，桓玄败逃江陵重整军力，遭西讨义军击败。试图入蜀，被益州督护冯迁杀死，时年三十六岁。博综艺术，善属文，著有《桓玄集》二十卷。

桓玄借助王恭、殷仲堪等人的势力，公开对抗司马道子，成为最有实力的巨头，于是四处搜罗有清望的名士，招至自己的幕府，以提高自己的声望。

陶渊明少有才名，数年前任江州祭酒不久便辞官回乡，此后王凝之数次召他任主簿，他都婉言谢绝。尽管他并非为养清望而故意为之，但客观上使他的声名提高了不少。几年以后，他已是浔阳一带有名的隐士。同时，他的诗文也渐渐被人们所熟知。自然地，桓玄召他入幕，有利于自己的政治声望。当然，桓玄本人也有舞文弄墨的嗜好，将陶渊明召至幕中，也有这方面的原因。

桓玄其人，既有英豪之气，又有几分书生气。他喜欢艺术，喜欢附庸风雅，也擅长清谈。他到了京城以后，曾想北伐，便先做了一些小船，要把字画运走，别人问他，他说："兵凶战危，脱有意外，当使轻而易运。"《晋书》记载，他曾骗取过顾恺之的画，顾恺之将一厨画寄存在他那里，他从厨后取走，而厨前原封未动，却告诉顾恺之画已登仙，顾恺之是个画痴，竟然信以为真。别人有好字画，桓玄总会用赌博的手段赢过来。他喜欢结交文人，也喜欢将其召至幕下。

就陶渊明自己来说，此番入桓玄幕府，带有碰运气的心理。时局混乱，风云变幻，谁都不知道政局会如何发展。而桓玄这个人，在那次起事过程中所显示出来的雄才大略，世人皆看在了眼中。朝廷日渐衰微，朝政掌控在司马道子等人手中，晋安帝几乎只是个傀儡皇帝，在这种情况下，想要施展抱负，也只有依存桓玄这样的人物。陶渊明不曾放弃年少时的经国济世之志，但国势如此，也只好在混乱的局面中聊作尝试。

实际上，陶渊明与桓玄还有一层世交的关系。当年，桓玄之父桓温势力强盛时，陶渊明的外祖父孟嘉在其幕府，深受尊敬和倚重，陶渊明在《孟府君传》中言及此事，还甚是自豪。另外，桓玄召陶渊明入幕，大概是盛意拳拳，极显其礼贤下士的风范。因此，几年前陶渊明辞去了王凝之祭酒之职，后来又几次三番拒绝主簿职位，如今却入了桓玄幕府。

不过，宋代叶少蕴曾说，陶渊明任桓玄幕僚，有"不伤生"因素。也就是说，他之所以在习惯了隐居生活之后答应出山，有为安全着想的原因，这也不无道理。毕竟，桓玄在一系列军事行动后，渐渐成了一方霸主。这样的军阀巨头，其行径如何谁也不敢断言。陶渊明虽有些清望，毕竟只是个读书人，加之上有老下有小，桓玄召他入幕，又礼遇有加，他是不敢违逆的。

不管怎样，如今的陶渊明已入了桓玄幕府。

应该说，对于理想，对于桓玄，他都还抱有幻想。

若非如此，他不会离开自己喜欢的田园而出仕。

但是我们知道，陶渊明是喜欢自由，也喜欢特立独行的。他不会委曲求全，更不愿虚与委蛇，幕僚的生活他必定不会喜欢。他喜欢的，还是躬耕田野、饮酒赋诗的散淡生活。仕途无味，他终会再次离开。

静念园林好，人间良可辞

在桓玄幕府，陶渊明过得并不快活。

毕竟，身为诗人，寄人篱下，难免压抑。

对他来说，最好的生活，就是隐于江湖，远离喧嚷。但是在幕府，多的是人事喧杂,少的是清静疏朗。对于官场应酬之事,陶渊明极是不喜,也没有兴趣作虚伪逢迎、歌功颂德的文字。因此,总的来说,幕府的生活是乏味的。

不过,桓玄及其心腹殷仲文都有舞弄文墨的雅兴。或许,偶尔会邀陶渊明对饮倾谈,临风酬唱,说点官场之外的风雅之事。此时,陶渊明许能寻得些许快意。但是,桓玄毕竟是雄霸一方的军阀,与之对酌谈笑,陶渊明不免拘谨。所以,快意毕竟也是有限的,倒不如他自斟自酌来得自在。

终究,一个是诗人,一个是政治家,虽能偶尔唱和与风雅,毕竟是两个世界的人。当桓玄觊觎江山的野心逐渐显露,陶渊明对他定会越来越失望。那时候,想要离开的愿望便会日渐强烈。

隆安三年(公元399年),陶渊明入桓玄幕府的第二年,司马元显(司马道子之子)征调因三吴门阀免除官奴身份成为佃客的广大民众,进入建康以充实兵员,称作"乐属",结果引起骚动,孙恩起义爆发。孙恩起义在东晋是一个比较大的历史事件,对东晋的统治造成了极大的冲击,自此以后,各种各样的起义时常出现,为东晋的最后灭亡埋下了伏笔。

孙恩,字灵秀,琅玡临沂(今山东临沂市),世奉五斗米道,他的家族是从北方迁移到南方去的,所以整个家族并不是处于上层的大家族,地位较低。孙恩起义源于他的叔父孙泰,孙泰是五斗米道的领袖,后来决心起兵反抗东晋,因为机密泄露,失败被处死。孙恩带领余下的人逃到了海岛,在这里招收信徒,最终决定起义。

孙恩乘着人心不稳,率众乘机进攻上虞并杀上虞县令,随后攻克会稽,会稽内史王凝之被杀,孙恩部众增至数万人。当时会稽郡、吴郡、吴兴郡、义兴郡、临海郡、永嘉郡、东阳郡及新安郡皆有人响应孙恩,三吴八郡于是一时皆叛,孙恩部众亦增至数十万人。

当时郡县官员大多不是被杀就是弃郡逃亡,孙恩于是据守会稽,自号征东将军,为其党众改了个称号为"长生人",并宣令诛杀异己,连婴孩也不放过。朝廷内外戒严,遣徐州刺史谢琰与镇北将军刘牢之前往镇压,孙恩在得八郡响应下原打算攻陷建康推翻东晋,知道刘牢之兵临钱塘江时就打算割据会稽,以钱塘江与东晋分庭抗礼。不久刘牢之渡江,孙恩被逼率其所房的二十多万民众撤回海岛。

隆安四年(公元400年)五月,孙恩率部众攻浃口(今镇海口),入余姚,破上虞,抵山阴县北之邢浦,被谢琰参军刘宣之击退后不久再度进军邢浦,并逼近会稽,守城的谢琰出战但战死。孙恩及后转攻临海。谢琰战死令朝廷大惊,派桓不才、孙无终和高雅之领兵镇压。十一月,孙恩在余姚大败高雅之,但其后被刘牢之击败,再度逃入海岛。

孙恩起义,东晋朝廷大受震动,整个王朝随时都有倾覆的危险。此时的桓玄,选择了作壁上观。后来,虽然向朝廷要求征讨起义军,也不过是虚张声势。对他的不作为,陶渊明深感失望。陶渊明并不知道,桓玄的心思并不在守卫东晋王朝,而是独坐江山之巅,睥睨天下。义军纷起,他反而更有可乘之机。

隆安四年初,陶渊明奉命入京。五月,从京城建康还家省亲。暂时离开官场,他感到十分兴奋。尽管,桓玄对他礼敬有加,也能偶尔与之把盏纵论天下,但终究是道不同不相为谋,许多话难免言不由衷。可以说,幕府的日子,陶渊明犹如身在樊笼。此时,终于得到暂时的解脱,顿觉天空海阔。

不同的性情,有不同的生活向往。

有人喜欢跃马千山,有人喜欢把酒篱下。

说起来,都是生命绽放的姿态。陶渊明喜欢后者。他喜欢,于寂静之处,让生命盛放在云水之间,没有喧嚷,没有尘埃。只有,一棹云烟,闲去闲来。

近两年未归家,想着即将与母亲和妻儿见面,陶渊明无比激动,因此不断地催促舟子快速行驶。然而,事与愿违,舟到规林时,天色突变,风浪骤起,他们不得不泊舟以待天气转好。等待的时候,陶渊明的焦虑可想而知。不过,那天晚上,他还是在一盏孤灯下,写了两首诗,既表达了路遇风浪的无奈,也表达了退隐林泉的愿望。这两首诗,题为《庚子岁五月中从都还阻风于规林二首》。

行行循归路,计日望旧居。一欣侍温颜,再喜见友于。
鼓棹路崎曲,指景限西隅。江山岂不险?归子念前涂。
凯风负我心,戢枻守穷湖。高莽眇无界,夏木独森疏。
谁言客舟远?近瞻百里余。延目识南岭,空叹将焉如!

自古叹行役,我今始知之。山川一何旷,巽坎难与期。
崩浪聒天响,长风无息时。久游恋所生,如何淹在兹。
静念园林好,人间良可辞。当年讵有几?纵心复何疑!

这两首诗都是借景抒怀之作。第一首反复陈说被阻穷湖、急切不能到家的苦恼;第二首进而感叹行役之苦,并借眼前自然景象暗喻仕途的风波险恶,曲折地抒发厌倦官场、怀恋清静自在的田园生活的情思。

人在仕途,疲惫至极。突然间要回乡省亲,自是满心欢悦。所以,归心似箭,匆忙赶路。却不料,被突然而来的风浪阻于途中。沮丧与郁闷,可想而知。要知道,从被阻之地规林到柴桑故里,不过百里之遥。远眺而去,已能望见庐山。因为沮丧,眼前所见仿佛都失去了色彩。绿树浓荫、花草遍地的江南，突然间没了韵味。

崔颢说，日暮乡关何处是，烟波江上使人愁。那是与故乡遥隔千里的无奈。而现在，陶渊明与故乡隔得并不远，却因为一场大风，咫尺天涯。夕阳西下，遥望庐山，只有漫长的叹息。

第一首诗不仅写了这种欲归不得的苦恼，他还借叹行役的机会含蓄地表示了对官场的厌倦，对仕途的忧惧，对怀才不遇的抗议。比如，"鼓棹路崎曲，指景限西隅"，从字面看，诗人是在感叹行路难，埋怨日落黄昏夜幕降临得太早。其实，透过字面，便不难发现，诗人是在借助眼前的景物流露自己对官宦生活的厌倦情绪。因为厌倦，江南夏日的风光便带着几分荒凉。"高莽眇无界，夏木独扶疏"，风光自是美的，但情绪不佳，便没有欣赏之心，所有风景也就失去了该有的意味。

另外，陶渊明也隐约地表达了对江山社稷的关切。本就千疮百孔的朝廷，如今添了孙恩起义军的震撼，更是摇摇欲坠。因此，他说"江山岂不险，归子念前涂"。字面是说行路艰险，其实是说官场吉凶难料，社稷危机四伏。归子念前涂，念的是自己的旅途，亦是身处动乱时期的仕宦前途。

第二首诗，集中表达了陶渊明厌倦仕途、依恋田园的思想感情。原本，仕途羁绊，难得清雅寂静。而他又偏偏心性恬淡，最喜寄身林下。而如今，本就乏味的仕途，更添战事频仍的危险，他必然更加厌倦。于是，行役途中，偶遇风浪，对曾经的田园生活生出了无比的怀念。

他说，久游恋所生，如何淹在兹。

他说，静念园林好，人间良可辞。

很显然，对于陶渊明来说，仕途纵有高名厚禄，也比不上田园的写意安恬。官场终究是个性情难存而诡诈横行的地方，以陶渊明的性格，本就不适合寄身其中。于是,他说"当年讵有几?纵心复何疑"。

与其在官场受尽牵绊束缚之苦,不如退至林泉,活得纵情纵意。

他的愿望很简单,不过是远离仕途羁绊。

回归田园,回归真实的自己。

卷四:心向山水田园

故事里,人来人往,皆是过客。

我们终要在寂寞的旅程中完成独自的回归。

纵然身影寥落,至少拥有一袭云水。

有酒闲饮东窗

生命如同盛宴,每个人都希望盛装出席。

其实,身处僻静之处,看人来人去,也不错。

所谓的盛宴,也可以是独自的流水清欢。

一个人,看山看水;一个人,听风听雨;一个人,与云烟草木为邻。如此,一个人的世界也可以无比丰饶。当然,一个人的日子,少不得几杯酒,少不得几分醉意。不过,不是迷醉,不是烂醉,而是半醉半醒,遥望众生。

可惜,很少有人,能将独自的日子,活成盛宴。

相反,很多人活得喧哗,却终于落得萧索。

陶渊明仍在仕途跋涉。他的政治理想,尚且残存着几点星火。对他来说，步入仕途，便是与真正的自己背离。因此，几乎可以说，所有身在仕途的日子，于他都是黯淡和无味的。他知道，终有一天，他会默然离开，到山水之间，放逐自己。与身处喧闹相比，他更喜欢一个人的似水流年。

现在，陶渊明回到了故园。山似从前，水似从前。当然，他自己，也似从前。回到故里乡园，他仍是那个饮酒写诗的诗人。长久孤身在外，终于和家人团聚，也让陶渊明倍感温暖。对他来说，有个温柔的妻子，有一群天真烂漫的孩子，纵然过得素朴，也是别有滋味。与此相比，利名之事实在无足轻重。

这次，离开官场，他在家里待了一年有余。闲居的日子，总让他心旷神怡。不过，偶尔也会感慨，既感慨自己年近不惑而事无所成，也感慨于社稷江山风雨飘摇。他是诗人，喜欢吟风赏月，但同时，他也不无伤时感事之情。毕竟，家国之盛衰，黎民之悲喜，他时常牵挂于心。

总的来说，闲居故里，陶渊明的生活是惬意的。

有时候，浅酌于月下；有时候，独行于山野。满心闲适。

自然地，那样的生活，少不了诗。往往，独坐于窗下，自斟自酌，清风徐来，许多情绪便会翩然而生。几分悠然，几分感伤，几分欢喜，几分惆怅。这时候，他喜欢写诗，记述心情。就像那日，烟雨朦胧之中，独饮于东窗之下，他写了首《停云》：

霭霭停云，濛濛时雨。八表同昏，平路伊阻。
静寄东轩，春醪独抚。良朋悠邈，搔首延伫。

停云霭霭，时雨濛濛。八表同昏，平陆成江。
有酒有酒，闲饮东窗。愿言怀人，舟车靡从。

东园之树，枝条载荣。竞用新好，以怡余情。
人亦有言：日月于征。安得促席，说彼平生。

翩翩飞鸟，息我庭柯。敛翮闲止，好声相和。
岂无他人，念子实多。愿言不获，抱恨如何！

烟云暧叇，春意阑珊。

独酌于窗下，突然便有了无际的孤独。

这样的日子，若是两三知己，把酒闲谈，该是快意的事情。杜甫在《赠卫八处士》中写道："夜雨剪春韭，新炊间黄粱。主称会面难，一举累十觞。"虽然相逢终有离别时，但是茫茫尘世，能以知交身份，对酌春酒，谈笑风生，也算快慰人生。

但是那日，陶渊明只有自己。烟雨朦胧之中，独饮流年，身影寥落。所有的良朋知己都在别处，山水相隔。举目四顾，空山茫茫。没有人，赴他春日诗酒之约。同样的细雨潺潺春日，李后主有过这样的悲凉：

帘外雨潺潺，春意阑珊。罗衾不耐五更寒。梦里不知身是客，一晌贪欢。
独自莫凭栏，无限江山，别时容易见时难。流水落花春去也，天上人间。

陶渊明没有江山易主的悲伤，但他也定会感叹，别时容易见时难。世间之事，无非是聚散悲欢四字。人生所历不同，但感伤总是相似。此日的陶渊明，注定要在朦胧烟雨中，独饮孤独。

人亦有言：日月于征。安得促席，说彼平生。

这样的日子，若能与至交好友促膝倾谈，无疑是幸事一桩。

但他，终究是失望了。对酌的快意，倾谈的无拘无束，都是空想。关于用世与归隐，陶渊明多希望有人与他把酒闲谈。但是很遗憾，没有人前来。

这个日子，他只能自酌，看烟雨迷蒙。

然后，悄然落笔，满纸孤寂。

这首诗除了写独自斟酌的孤独，也暗含了对家国之事的关切。诗中"八表同昏"等诗句，表面看是写天气，而用夏天雷雨前或冬天雪前的景象来形容春季的天色，似乎形容过量，显然，这里是暗喻国政时局被封建贵族、军阀争夺中央政权而搞得天昏地暗，暗寓着诗人关怀世难的忧心。

暮春时节，陶渊明独行郊野。春和景明，惠风和畅，他又是一番感慨。一首《时运》写得古朴宁静，沁人心脾。他在序言中写道："时运，游暮春也。春服既成，景物斯和，偶景独游，欣慨交心。"

迈迈时运，穆穆良朝。袭我春服，薄言东郊。
山涤余霭，宇暧微宵。有风自南，翼彼新苗。

洋洋平泽，乃漱乃濯。邈邈遐景，载欣载瞩。
称心而言，人亦易足。挥兹一觞，陶然自乐。

延目中流，悠想清沂。童冠齐业，闲咏以归。
我爱其静，寤寐交挥。但恨殊世，邈不可追。

斯晨斯夕，言息其庐。花药分列，林竹翳如。
清琴横床，浊酒半壶。黄唐莫逮，慨独在余。

这首诗牵涉到一个典故：据《论语》记载，一次孔子和一群门徒围坐在一起，他让各人说出自己的志向。最后一个是曾点，他说："暮春者，春服既成，冠者五六人，童子六七人，浴乎沂，风乎舞雩，咏而归。"意思是暮春时节，天清气朗，与朋友们到曲阜南面的沂水里入浴，再登上求雨的土坛，迎着春风的吹拂，然后高歌而归。

这种想象中和平安宁的景象，悠闲潇洒的仪态，把向来严毅深沉的老夫子也感动得喟然长叹，说："吾与点也。"就是说，他的心思与曾点相同。后代修禊（三月三日在水边洗濯以消除不祥）的风俗渐盛，因为时间也是暮春，又同是在水边嬉游，所以关于修禊的诗文，常引用到《论语》中这个典故。

陶渊明"少无适俗韵，性本爱丘山"，暮春时节，游赏于郊野，见风轻云淡，草木葱茏，自然而然地，便有了与天地万物相容的惬意。他喜欢和追求的，就是这种将整个身心安置于自然，物我两忘的境界。因此，在心无尘埃的情境下，对曾点所描述的画面心驰神往。

然而，现实毕竟是纷乱不宁的。所以他说，"我爱其静，寤寐交挥。但恨殊世，邈不可追。"那样诗意而和谐的画面，只存在于遥远的古代和他的想象中。真实的世界，战乱不息，民不聊生。想起这些，诗人难免感伤。

终于，游春结束，他回到了居所。

简朴的草庐里，素琴一张，浊酒半壶。

他的日子，清澈而孤独。他时常有思古之情，但思古的目的，只是借助对古人的追慕表达对现实的忧虑。他是个诗人，有诗意情愫，也有仁者情怀。他总是希望天下太平，河清海晏，就像《桃花源记》所写。然而，现实世界正好相反。因此，很多时候他的感慨并非为自己而发，而是为江山社稷，为黎民苍生。

诗写得平淡自然，毫无着意雕饰之处。陶渊明追求的人格，是真诚冲和，不喜不惧；所追求的社会，是各得其所，怡然自乐，因而在他的诗歌中，就形成了一种冲淡自然、平和闲远的独特风格。任何过于夸张，过于强烈的表现，都会破坏这种纯和的美，这是陶渊明所不取的。

不管怎样，感慨也好，孤独也好，闲居的生活到底还是自在和快意的。有家人相伴，有山水为邻，可以抚琴读书，可以饮酒写诗，这无疑是陶然的日子。

而且，两年多的仕宦，使陶家的生活丰盈了许多，暂时摆脱了窘困局面。虽然陶渊明不喜羁束，但在客观上，身在官场，不仅使得物质生活丰裕了，也使得当地许多人对他的态度改观了不少。身为桓玄的参军，让很多人对陶渊明刮目相看。于是，那些喜欢逢迎的士绅，便常来叨扰，满是奉承姿态。对于这些人，陶渊明很是不屑，却又不得不周旋。这些事让他闲居的生活平添几分无奈。

不过，抛开俗事，那年的日子是恬淡的。

素琴一张，浊酒半壶。他就在那里，怡然自得。

人生若寄，憔悴有时

岁月无尘，人亦如此。

春秋冬夏，皆有几分诗意。

偶尔对景遣怀，偶尔抚琴思古。虽然不无伤感与孤独，但是陶渊明喜欢闲居的生活。至少，闲居乡野，远离繁华，他拥有完整的自己。夏日，花开如锦，他写了首《荣木》，感慨良多。

采采荣木,结根于兹。晨耀其华,夕已丧之。
人生若寄,憔悴有时。静言孔念,中心怅而。

采采荣木,于兹托根。繁华朝起,慨暮不存。
贞脆由人,祸福无门。非道曷依?非善奚敦?

嗟予小子,禀兹固陋。徂年既流,业不增旧。
志彼不舍,安此日富。我之怀矣,怛焉内疚!

先师遗训,余岂之坠?四十无闻,斯不足畏。
脂我名车,策我名骥。千里虽遥,孰敢不至!

荣木,即木槿,属木本植物,夏天开淡紫色花,其花朝开暮闭。

这首诗的序言:"荣木,念将老也。日月推迁,已复九夏,总角闻道,白首无成。"显然,陶渊明是借木槿花朝开暮闭感叹人生苦短。他忧于人生短暂,认为人若不勤奋,即使"总角闻道"也会"白首不成",这是人生的悲哀。

人生若寄,憔悴有时。寄身红尘,刹那凋零,这就是人生。那么,该如何度过匆忙的人生?是为功名为追逐,还是为诗酒而纵情?是奔走不休于人海,还是放浪形骸于山野?陶渊明喜欢清静风雅的生活,但是始终存着仕进的念头。当然,他的功业之心,主要是受传统文化的熏陶、影响使然。对于古代大多数知识分子,"朝为田舍郎,暮登天子堂"是他们最大的梦想。在"学而优则仕"的时代,谁也难以天生就超越历史的局限而对功业荣名不屑一顾、视如粪土。

他说，四十无闻，斯不足畏。

显然，此时的陶渊明尚未熄灭功名之心。

但他，又着实向往林泉生活。仕与隐的矛盾，始终在他心里。

闲居了一载，时光飞逝。饮酒写诗的日子，又结束了。隆安五年（公元401年）夏，陶渊明再次离开家乡，前往江陵（今湖北荆州）桓玄幕府。路过涂口，他写了首《辛丑岁七月赴假还江陵夜行涂口》。

闲居三十载，遂与尘事冥。诗书敦宿好，林园无世情。
如何舍此去，遥遥至南荆！叩枻新秋月，临流别友生。
凉风起将夕，夜景湛虚明。昭昭天宇阔，皛皛川上平。
怀役不遑寐，中宵尚孤征。商歌非吾事，依依在耦耕。
投冠旋旧墟，不为好爵萦。养真衡茅下，庶以善自名。

很显然，对于此番重返官场，陶渊明心里很不乐意。

他说，闲居的日子，远离尘世的恩怨是非；他说，身处故园，有琴书诗酒之乐，而无官场应酬与逢迎的俗情。正因为如此，他发出了这样的疑问：为何，会舍弃田园日子，千里迢迢前往江陵？

凉风习习，夜色空朦；天宇明净，波光粼粼。景是好景，但因为身在羁旅，便少了几分赏景之情。末尾他说，自己终将放下功名，回归田园，于竹篱茅舍，养浩然之气。

此时的陶渊明，之所以厌倦官场，除了官场俗事与喧嚷太多，或许还因为，他渐渐看出了桓玄的野心，因此不愿继续与之为伍。晋室虽然昏暗腐朽，但陶渊明还是不希望有人取而代之，这是他的家国情怀。

作者在诗中用白描手法写江上夜行的所见、所遇，无一不真切、生动,发人兴会。其抒述感慨,都是发自肺腑的真情实语。方东树说:"读陶公诗,专取其真。事真、景真、情真、理真,不烦绳削而自合。"

终于,陶渊明回到了江陵。幕府的生活,仍旧苍白无味。桓玄势力更加强盛,与朝廷中司马元显等人的矛盾日渐激化。隆安三年(公元399年),桓玄请求扩大其辖区,司马元显想趁机离间桓玄与殷、杨二人的关系,故此加桓玄都督荆州长沙郡、衡阳郡、湘东郡及零陵郡四郡诸军事,并改以桓玄兄桓伟代杨佺期兄杨广为南蛮校尉。此举触怒了杨佺期兄弟,杨佺期更以支援后秦围攻的洛阳为名起兵,但皆被殷仲堪阻止。

隆安三年末,桓玄消灭了杨佺期和殷仲堪,于是在隆安四年(公元400年)向朝廷求领荆江二州刺史。朝廷下诏以桓玄都督荆、司、雍、秦、梁、益、宁七州诸军事、后将军、荆州刺史、假节;另以桓伟为江州刺史。但桓玄坚持要由自己领江州刺史,朝廷唯有让桓玄加都督江州及扬州豫州共八郡诸军事,领江州刺史;桓玄又以桓伟为雍州刺史,朝廷碍于当时孙恩叛乱恶化,不能拒绝。桓玄于是趁机在荆州任用腹心,厉兵秣马。

隆安五年(公元401年),孙恩循海道进攻京口,逼近建康,桓玄声称勤王起兵,实际是想浑水摸鱼,于是司马元显在孙恩远离京师后下诏命桓玄解严。

陶渊明曾经以为,桓玄是个可以振兴晋室的英雄。后来才明白,他与当时许多军阀相似,在势力日渐强大的时候,便有了窃取天下的野心。若桓玄篡位成功,陶渊明就可能成为新朝的栋梁。但是很显然,陶渊明绝不希望自己成为这样的人物。

因此,回到江陵以后,陶渊明总在想,如何向桓玄陈述自己退隐林泉的愿望。就在此时,他接到了母亲去世的消息。于是,他名正言顺地离开了桓玄幕府。此后,将近三年的时间,陶渊明皆处于丁忧期间,不曾出仕，躬耕故里。母亲离世，他难免悲伤。但是身在田园之中，少了官场束缚，日子倒也平静快味。

那几年，外面的世界风起云涌，战乱不休，桓玄在攻入建康后篡位。元兴元年（公元402年），司马元显下令讨伐桓玄。桓玄留桓伟守江陵，亲自率兵东下。到姑孰（今安徽当涂）时，派冯该等击败并俘获豫州刺史司马尚之，并夺取了历阳（今安徽和县）。当时司马元显因畏惧，登船而未敢出兵，而刘牢之因担忧击败桓玄后会不容于司马元显，竟与其手下北府军向桓玄投降。

桓玄逼近建康，司马元显试图守城但溃败。桓玄入京后，称诏解严，并以自己总掌国事，受命侍中、都督中外诸军事、丞相、录尚书事、扬州牧，领徐州刺史，加假黄钺、羽葆鼓吹、班剑二十人。

桓玄历数会稽王司马道子及其子司马元显的罪恶，流放司马道子到安成郡，数月后桓玄更派人杀死司马道子；又杀司马元显、庾楷、司马尚之和司马道子的太傅府中属吏。桓玄意图除去刘牢之，先命他为会稽太守，令其远离京口。刘牢之意图反叛但得不到北府军将领支持，于是北逃广陵，投靠广陵相高雅之，于途中自杀。

桓玄在三月攻入建康时就废除了元兴年号，恢复隆安年号，不久又改元大亨。及后，桓玄自让丞相及荆江徐三州刺史，以桓伟出任荆州刺史，桓修为徐、兖二州刺史，桓石生为江州刺史，卞范之为丹阳尹，桓谦为尚书左仆射，分派桓氏宗族和亲信出任内外职位。

桓玄先后杀害吴兴太守高素、竺谦之、高平相竺朗之、刘袭、彭城内史刘季武、冠军将军孙无终等北府军旧将，以图消灭刘牢之领下北府军势力。另外，他要求朝廷追论平定司马元显和殷仲堪、杨佺期的功勋，分别加封豫章公及桂阳公，并转让给儿子桓升及侄儿桓濬。又下诏全国避其父桓温名讳,同名同姓者皆要改名,又赠其生母马氏为豫章郡太夫人。元兴二年(公元403年),桓玄威逼晋安帝禅位,在建康建立桓楚,改元"永始",将晋安帝贬为平固王,赶出建康,软禁于浔阳。桓玄篡位以后,骄奢荒侈,游猎无道,通宵玩乐。同时,桓玄又兴修宫殿、建造可容纳三十人的大乘舆。

曾经,陶渊明欣赏桓玄,并且做了他的幕府。没想到,几年以后,这位被陶渊明寄予希望的军阀就篡位做了皇帝。人性之复杂,非澄澈的陶渊明能够理解。总有人甘心为利名驱使,并且不惜与曾经的自己、与人间正义背离。

跃马江山,风云叱咤,这是无数人的梦想。却不知,功名利禄,终究敌不过岁月。千秋功过,到最后都会湮灭于无声。说起来,恢宏与煊赫,皆是过眼云烟。然而,为了所谓的皇图霸业,人们愿意迷醉其中。诗里说,古今多少事,都付笑谈中。原本,是非恩怨,富贵功名,终会成为别人的谈资。这些,陶渊明是懂得的。

他喜欢,将世事泡在一盏茶里,细细品味。

他亦喜欢,让自己沉睡于酒杯之中,忘却红尘俗事。

在简静中丰盛,是他喜欢的生命状态。

长吟掩柴门

红尘之人,周旋于世事,总是忙碌。

其实,偶尔停下来,倾听流光的声响,也别有意趣。

或是徘徊于山野,或是悠游于水畔,得几分闲适,也是件幸福的事情。

正所谓,得半日之闲,抵十年尘梦。往往,斜阳月色、山水渔歌,都在那里,人们忙于俗务,难得临近欣赏和体会。可以说,风景常有,赏景之人不多。

如今的陶渊明,因丁忧在家,有大把时间来纵情自然。

耕作、读书、饮酒、写诗。日子悠闲自得。

元兴二年(公元403年)初,陶渊明作有《癸卯岁始春怀古田舍》诗二首。

在昔闻南亩,当年竟未践。屡空既有人,春兴岂自免。
夙晨装吾驾,启涂情已缅。鸟哢欢新节,泠风送馀善。
寒竹被荒蹊,地为罕人远;是以植杖翁,悠然不复返。
即理愧通识,所保讵乃浅。

先师有遗训,忧道不忧贫。瞻望邈难逮,转欲志长勤。
秉耒欢时务,解颜劝农人。平畴交远风,良苗亦怀新。
虽未量岁功,既事多所欣。耕种有时息,行者无问津。
日入相与归,壶浆劳近邻。长吟掩柴门,聊为陇亩民。

箪食,瓢饮,陋巷。知足常乐。

山水,琴书,诗酒,乐而忘忧。

日子,越是简单,越能品出其兴味。

生活,越是素朴,越有其本来的模样。

生于尘世,固然不能虚度年华,却也不能因忙于俗务而忘记简淡的欢喜。日出而作,日落而息;安贫乐道,春华秋实;临山近水,把酒抚琴。这样的生活,简单而不失诗意。然而,人们更愿意身在繁华之中,寻找所谓的生命重量。其实，身在荒僻之处，生命也可以无比厚重。关键是，看你是否有能力，将平淡的日子过出质感。对陶渊明来说，隐而不仕，显然比陷身官场要自在得多。他是个天生的诗人，也是个天生的隐者。

这两首诗，是诗人用田园风光和怀古遐想所编织成的一幅图画。第一首，叙述了劳动经过，描绘了自然风景，缅怀古圣先贤，盛赞他们躬耕田野、洁身自守的高风亮节。

陶渊明喜欢朴素自然的生活。躬耕于田亩，即使贫寒，也是他热衷的生活。相反，身在仕途的时候，哪怕只是数日，束缚与羁绊都会让他苦不堪言。

晨光熹微的时候，他便从村落里出来，架好车马，下地干活。因为临近自然，心里无比畅快。于是，凉风习习，鸟声婉转，一切都无比和谐。虽然身在偏僻之地，但因少了羁绊，便觉得悠闲。这样的生活，其安恬自在，是繁华不能给的。也因为其安恬，他觉得，那些汲汲于功名的人们是可悲的。他理解了植杖翁的遁世选择。

隐与仕，始终是人们争执的问题。许多人认为，生于尘世，就应轰轰烈烈，如此方不算辜负生命。其实，若能活得有兴味、有质感，便可无怨无悔。有人驱名逐利，有人吟风赏月，都没什么错，只是性情不同而已。

第二首，以"忧道不忧贫"之不易实践，夹叙了田间劳动的欢娱，联想到古代隐士长沮、桀溺的操行，而深感忧道之人的难得，最后以掩门长吟"聊作陇亩民"作结。陶渊明一向把孔子视为先师，孔子说过的"忧道不忧贫"，他记在心里。但他更喜欢这种"耕种有时息，行者无问津"的农耕生活。陶渊明想成为长沮、桀溺那样的隐士。

自然，陶渊明的心里不无挣扎与焦虑。毕竟，他是心存济世大志的，是希望能有所作为的。多年以后，终于发现，世界繁芜，他的抱负与志向，终将如尘埃般落地无声。既然如此，倒不如了断俗事，安心做个隐者。

这两首诗犹如一阕词的上下片,内容既紧相联系,表现上又反复吟咏,回环跌宕,言深意远。可整首诗又和谐一致,平淡自然,不假雕饰,真所谓浑然天成。仿佛诗人站在读者的面前,敞开自己的心扉,既不假思虑,又不择言词,只是娓娓地将其所作、所感、所想,毫无保留地加以倾吐。这就是陶渊明的诗,冲淡自然,不事雕琢。

　　日入相与归,壶浆劳近邻。长吟掩柴门,聊为陇亩民。

　　日暮时分,与邻翁对酌几杯。然后,掩闭柴门,独自吟诗。

　　做个闲人,躬耕陌上,日子可以这般恬静。

　　当然,需要一颗同样恬静的心。

　　元兴二年(公元403年)冬,陶渊明作有《癸卯岁十二月中作与从弟敬远》。

寝迹衡门下,邈与世相绝。顾盼莫谁知,荆扉昼常闭。

凄凄岁暮风,翳翳经日雪。倾耳无希声,在目皓已洁。

劲气侵襟袖,箪瓢谢屡设。萧索空宇中,了无一可悦!

历览千载书,时时见遗烈。高操非所攀,谬得固穷节。

平津苟不由,栖迟讵为拙!寄意一言外,兹契谁能别?

　　陶敬远是陶渊明的同祖弟,其母与陶渊明的母亲又为姐妹;先陶渊明卒,陶渊明有《祭从弟敬远文》祭之。文中可见两人饥寒相共、志趣相投的密切感情。作诗当年,陶敬远二十三岁,同陶渊明住在一起,并一道读书躬耕。然而一年的收获不足自给,使他们过着贫困饥寒的生活。作诗当月,桓玄篡晋称楚,把晋安帝迁禁在渊明的故乡浔阳。这是一场政治上的大变局,此诗是在这种背景下写的。

原本，陶渊明虽生性恬淡，却也是有功名之心的，就像他诗中所写：猛志逸四海，骞翮思远翥。但是，彼时的世界，彼时的政局，可谓无比险恶。因此，他只能强作忘情，自求解脱。解脱之道，便是守儒家的固穷之节，融道家的居高观世之情，但又不取儒家的迂腐，道家的泯没是非。

与是非不断、纷争不休的官场相比，他更愿意安守清贫，于田园山野，遣送流光。许多日子，柴扉紧闭，与世隔绝，无需谁过问。躬耕山野，安贫乐道，自有几分寂寥，却也是独得清闲。至少，可以远离外面那个纷乱的世界。至少，可以与真实的自己比邻而居。固穷守节，于贫寒中寻找生命的真趣，这就是陶渊明的人生。

此时，晋安帝就被禁锢于浔阳，桓玄则以帝王的身份，俯视天下，骄奢淫逸。曾经，陶渊明曾把振兴晋室的希望寄托于此人身上。没想到，几年以后，他竟然篡位做了皇帝。因此可以说，入桓玄幕府是陶渊明的一大遗憾。

在桓玄篡位、天下纷争不断的局面下，陶渊明一介文士，也只能继续他的躬耕日子。"寝迹衡门下，邈与世相绝。顾盼莫谁知，荆扉昼常闭。"世相迷离，他只能如此。

这一年，好友刘程之到访，与陶渊明有过数日诗酒酬唱的日子。刘程之，字仲思，彭城（今江苏徐州）人，汉楚元王刘交之后。初任某官府参军，太元中期至隆安初年历任荆州宜昌县令、江州柴桑县令。他曾是殷仲堪的上宾，也深得桓玄欣赏。陶渊明与他相识于桓玄府中。不过，尽管桓玄对刘程之欣赏有加，也邀请他入自己幕府，但刘程之大概是看出了桓玄野心勃勃，始终未答应。

入宋以后，刘程之隐居不仕，时人又称之刘遗民。元康《肇论疏》说"自谓是国家遗弃之民，故改名遗民"。与陶渊明、周续之合称"浔阳三隐"。

著有《玄谱》一卷，《刘程之集》五卷。刘程之与陶渊明往来关系甚密，因为刘程之曾任柴桑县令，故诗人称其为刘柴桑。陶集中有唱和诗《和刘柴桑》《酬刘柴桑》二首。此时，刘程之为柴桑县令。

好友到访，陶渊明无比欢喜。毕竟，他朋友不多。躬耕的日子，到访者更是寥寥。那些天，纵论天下，把酒言欢，畅快至极。但是，诗酒流连，总有散场的时候。

刘程之走后，陶渊明很是失落。

身处乱世，何日能重逢，谁都不知道。

可也没办法，聚散自古匆匆。就像，花开花谢，月圆月缺。

目倦川途异，心念山泽居

世间千万条路，我们并不知道，哪条是属于自己的。

我们只是茫然上路，过青萝小径，过烟雨江湖。有过风景，有过绝境，终于明白，走过的路，都是独属于自己的，我们称之为人生。浅淡也好，萧瑟也好，单薄也好，丰盛也好，人生都没有退路。回头去看，纵有荒草与迷雾，至少脚印深深浅浅，那是我们对于世界的深情。

陶渊明仍在路上，有彷徨，有寂寞。

但他，终会穿越尘世风雨，回归到属于他的风轻云淡。

晋安帝元兴三年（公元404年），陶渊明四十岁。丁忧期满，陶渊明在刘裕都督江州时，受其辟举，任其镇军将军参军。刘裕，字德舆，小名寄奴。祖籍彭城郡彭城县绥舆里，生于晋陵郡丹徒县京口里。东晋至南北朝时期杰出的政治家、改革家、军事家，南朝刘宋开国皇帝。

刘裕自幼家贫，初为北府军将领。自隆安三年（公元399年）后，对内平定孙恩和桓玄，消灭桓楚、西蜀、卢循、刘毅、司马休之等割据势力，使南方出现百年未有的统一局面；对外消灭南燕、后秦等国，降服仇池，又以却月阵大破北魏，收复淮北、山东、河南、关中等地，光复洛阳、长安两都。建宋后，又派兵南征林邑国，使其全境归附。

桓玄篡位后，骄奢淫逸，倒行逆施。刘裕、何无忌与刘毅等人于是乘时举义兵讨伐桓玄。元兴三年二月，刘裕等人在京口（今江苏镇江）、广陵（今江苏扬州）、历阳和建康四地一同举兵，数次战斗皆获胜。

桓玄与其随从逃到浔阳，得江州刺史郭昶之供给其物资及军队。其后，挟持晋安帝至江陵，在江陵署置百官，并且大修水军，不足一个月就已有兵二万，楼船和兵器都显得很强盛。不过桓玄西奔后怕法令不能认真执行，就轻易处以死刑，故令人心离异。

其后何无忌击败桓玄所派何澹之等军，攻陷湓口，进占浔阳，与刘毅等一直西进。桓玄亦自江陵率军迎击，两军于五月十七日在峥嵘洲相遇，桓玄军在刘毅的进攻下溃败，焚毁辎重乘夜逃走，郭铨遂向刘毅投降。桓玄于是挟晋安帝继续西走。

桓玄于五月二十三日回到老巢江陵，冯该劝桓玄再战，但桓玄不肯，更想投奔梁州刺史桓希。不过当时人心已离，桓玄的命令几乎无人遵行。其后，桓玄逃至蜀中，为益州都护冯迁所杀。次年初，晋安帝复位。在这场讨伐桓玄光复晋室的战争中，刘裕势力不断壮大，最终成了新的军事巨头和东晋举足轻重的人物。

在这样的背景下，陶渊明再度出仕。此番出仕，有为生计所迫的原因。当然，此番出仕，与前次入桓玄幕府相似，也有聊做尝试的意味。那样的政治格局，如陶渊明这样的读书人，大都难酬壮志，注定寂寞终身。

对于自己的前程,陶渊明无从知晓,只能抱着试一试的态度。

另外,陶渊明曾是桓玄幕僚,如今受刘裕辟举,倘若不答应,很可能被认为是怀念旧主,甚至因此招来祸端。因此,此番出仕,仍有避祸的意思。

不久后,陶渊明离开了故乡,赴京口就任。

途经曲阿时,他写了首《始作镇军参军经曲阿》。

弱龄寄事外,委怀在琴书。被褐欣自得,屡空常晏如。
时来苟冥会,宛辔憩通衢。投策命晨装,暂与园田疏。
眇眇孤舟逝,绵绵归思纡。我行岂不遥,登降千里余。
目倦川途异,心念山泽居。望云惭高鸟,临水愧游鱼。
真想初在襟,谁谓形迹拘。聊且凭化迁,终返班生庐。

显然,这次出仕,陶渊明并非心甘情愿。

他虽然志向不灭,但心之所向的,仍是故里田园。

所以,走在路上,他已经开始怀念淡净的日子了。

他说,暂时栖身于仕途,不过是无奈之举;他说,远离故乡,去往别处,实在非自己所愿;他说,寄情人事之外,倾心于琴书,是自己最喜欢的生活;他说,看云便会羞对天空飞鸟,临河便会愧对水中鱼儿。

然而,此时的他,就在行役途中。他将要以纯澈的自己去面对乌烟瘴气的仕途。他不愿被束缚于俗务,却又无法避开,只能前往。但他告诉自己,姑且随遇而安,未来的某天,他定会离开仕途,重归隐居生活。

可见,此时的陶渊明,仕进之心虽存,却也只如暗夜灯火,微微闪烁而已。因此,官场的生活,还未开始,他就盼着结束了。终究,那是个磨折志趣的地方。他更愿意,如飞鸟,如游鱼,无拘无束。哪怕,粗茶淡饭；哪怕，陋巷茅庐。

在这首诗里，我们看不到丝毫的兴高采烈。相反，整首诗流露出来的都是厌倦。他知道，仕途艰险，周旋磬折、案牍劳形的日子更是无味。与之相比，寄身事外、委怀琴书的生活，要自在得多。

陶渊明的诗，总是亲切平易。其述志诸作多如朋友相聚，一杯在手，话语便从肺腑间自然流出。初看似略不经意，细读却深有文理。这首诗层次非常清晰，吐露自己赴任途中的内心感受和心理变化，既坦率，又细腻含蓄，确是作者精心结撰的佳作。

除了这首诗，陶渊明的《杂诗十二首》其九、其十、其十一，也是赴任镇军参军途中所作的行役诗。

> 遥遥从羁役，一心处两端。掩泪泛东逝，顺流追时迁。
> 日没星与昴，势翳西山巅。萧条隔天涯，惆怅念常餐。
> 慷慨思南归，路遐无由缘。关梁难亏替，绝音寄斯篇。

> 闲居执荡志，时驶不可稽。驱役无停息，轩裳逝东崖。
> 沈阴拟薰麝，寒气激我怀。岁月有常御，我来淹已弥。
> 慷慨忆绸缪，此情久已离。荏苒经十载，暂为人所羁。
> 庭宇翳馀木，倏忽日月亏。

> 我行未云远，回顾惨风凉。春燕应节起，高飞拂尘梁。
> 边雁悲无所，代谢归北乡。离鹍鸣清池，涉暑经秋霜。
> 愁人难为辞，遥遥春夜长。

一个真正的诗人，受仕宦生涯所羁束，无疑是个悲剧。

不知不觉间，陶渊明已在仕途跋涉了多年。自然，最初是怀着抱负前往的。然而，多年后发现，乱世之中，理想与抱负微不足道，最终都会被纷乱世事碾成齑粉，只剩憔悴的身影。

在田园与仕途之间，陶渊明徘徊了许久。按心性来说，他是喜欢也适宜田园生活的。但是迫于生计，也迫于现实压力，他不得不一次次出仕，奔走于俗事之间，这无疑是大违心愿的。此时，离家千里，前途未卜，难免心中索寞。

曾经，他壮怀激烈，抱有匡扶社稷的大志。如今，壮志渐渐沉默，没了声响。而他自己，还在行役途中，寂寥惆怅，无处言说。与其栖身仕途，不如早日离去，回到熟悉的故里，散淡度日，煮酒写诗。所以，行役越苦，思乡越切。六百年后，行役中的柳永，身心俱疲，所写之词，亦是满纸寂寥：

> 远岸收残雨。雨残稍觉江天暮。拾翠汀洲人寂静，立双双鸥鹭。望几点、渔灯隐映蒹葭浦。停画桡、两两舟人语。道去程今夜，遥指前村烟树。
> 游宦成羁旅。短樯吟倚闲凝伫。万水千山迷远近，想乡关何处。自别后、风亭月榭孤欢聚。刚断肠、惹得离情苦。听杜宇声声，劝人不如归去。

长路漫漫，杜宇声声。

此种情境，任谁都会感觉落寞。

终究，万水千山，抵不过故园两三点烟火。

人在羁旅，寂寞无依，失落的心便如飘蓬柳絮般飘扬、洒落，灵魂便如一只无归的宿鸟，遁逃无数，便有着永无休止的苦涩的寻觅感。天涯漂泊，故乡迢递，是柳永的孤独，亦是陶渊明的孤独。不过，陶渊明的行役之苦，除了零落天涯的孤独，还有厌倦仕途却又不得不前往的悲伤。

投策命晨装，暂与园田疏。他很无奈。

他只能，带着一颗随遇而安的心，寂寞前行。

他知道，故园就在那里，等着他归去。

娑婆即遗憾

这是一个娑婆世界，娑婆即遗憾。

活在聚散离合的人间，每个人的人生都有遗憾。

所谓完满，不过是将遗憾看淡后的月朗风清。生老病死，沧海桑田，若能将其视作必经的路，恬淡视之，人生便是一场静默的完满。事实上，没有遗憾，也就没有完满。

陶渊明，也必然会感慨于人生的遗憾。比如，结发妻子早亡；比如，一腔壮志难酬。但他从来不会沉湎于遗憾。他知道，没有完满的人生。就像，月有圆有缺，花有开有谢。

如今，不惑之年的陶渊明，若说有遗憾，那便是依旧徘徊在仕与隐之间。不过，他已看清了仕途的真相。他已明白，深藏已久的理想终将沉寂。既然如此，寄身于是非不断的官场已无意义。此时的陶渊明，已确定了余生的方向。那便是，躬耕山野，诗酒度日。

在刘裕幕下担任了大半年的参军之后，陶渊明转到建威将军刘敬宣幕下任参军。刘敬宣，字万寿，彭城（今江苏徐州）人。东晋末年将领，镇北将军刘牢之之子。元兴三年（公元404年），从南燕归国，授辅国将军、晋陵太守，封武冈县男，迁建威将军、江州刺史，镇浔阳。义熙十一年（公元 415 年），进号右军将军，为参军司马道赐所害，年四十五。

大概是因为，江州离家很近，又或是刘裕与刘敬宣之间的人事调动，总之陶渊明离开刘裕前往刘敬宣处任参军了。可以确定的是，不论做谁的参军，陶渊明归隐的心思越来越重。

义熙元年（公元 405 年）三月，刘敬宣因与刘裕部下的将领刘毅不合，辞了江州刺史的职。此月，陶渊明曾奉刘敬宣之命出使建康。此番入京，大概就是为了呈送刘敬宣辞表的。途经钱溪，陶渊明作有《乙巳岁三月为建威参军使都经钱溪》一诗：

> 我不践斯境，岁月好已积。晨夕看山川，事事悉如昔。
> 微雨洗高林，清飙矫云翮。眷彼品物存，义风都未隔。
> 伊余何为者，勉励从兹役。一形似有制，素襟不可易。
> 园田日梦想，安得久离析。终怀在归舟，谅哉宜霜柏。

这是个天朗气清、惠风和畅的好日子。

钱溪即安徽长江南岸贵池县东北的梅根港，是由浔阳至建康的必经之路。多年未至，景物如昔。山水草木，一如从前。就像是为了等他，而特意不变模样。

而他所处的世界，却已是翻天覆地。前年岁暮桓玄篡位，去年刘裕起兵讨伐桓玄，现在战争基本结束。两三年的短暂时间里，世间发生这样剧烈的变化，而自然界的山川景物却"事事悉如昔"。话说得很平淡，但"江山依旧，人事已非"的感慨已经寄寓其中了。

陶诗有许多写雨、写风、写园、林写飞鸟的句子，但在陶渊明的笔下，无不赋有"为仁"的思想，因而在美的想象中便出现一个天机和畅，万物得所的境界。可以这样说，陶诗中这些兴象，是诗人艺术的化身，在一些天机和畅、静气流溢的描绘中，仿佛隐隐约约有一个陶渊明在，这首诗中"微雨洗高林，清飙矫云翮"两句便是如此。

作者抓住在眼前呈现的天机和畅的自然景色，尤其把风、雨、林、鸟组合在一起，予以集中表现，就更能体现陶渊明的思想境界。至于"眷彼品物存，义风都未隔"可以理解为：我深情地看到，这个地方仍然保存着一种天风和畅、万物得所的境界。

陶渊明是一个"朝与仁义生，夕死复何求"的人，他是具有认真襟怀的。于是他对风雷日月、雨露云烟、山川园林、众鸟新苗、田夫稚子，都表现出一种亲切而冲和的爱意，上面的"品物""义风"，正是这种爱意的表现。

陶渊明把自己纳入"品物"的范畴，似乎自己已感到一种和乐相处的乐趣，进入忘我的境界。由此可见，此时的他，对于官场厌倦至极，对于回归自然心向往之。他喜欢的，是那种身在山水之间，天人合一的自然状态。

这首诗的后面八句的大体意思是：眼前虽然被迫行役，但归田适志的襟怀不变，要像霜后的柏树一样，保持高尚的情操和品德，不损纯真自然之本性。他之所以是陶渊明，之所以为人们所崇敬，就是因为始终保持着高洁的情操，以及精神和人格的独立。世事再喧嚷、再驳杂，他都只愿做纯粹清白的自己。

出仕多年，他见惯了官场上的诡诈与虚伪，也见惯了人们的丑陋与扭曲。但他，从未因此而改变自己的天性与德行。杜甫在《佳人》中写道："在山泉水清，出山泉水浊。"身在官场，历经熏染，少有人能保持最初的性情。但陶渊明，始终保持着清雅的志趣和完美的人格。即使如此，他还是觉得疲惫不堪。

他不愿面对是非不断的官场,也不愿面对真假难辨的人事纠葛。所以,那几年的行役诗,在描述景物的同时,大都表现出退隐林下的愿望。自然,行役途中,也常有佳景,都呈现在他的诗中。比如"凉风起将夕,夜景湛虚明";比如"高莽眇无界,夏木独森疏";比如"昭昭天宇阔,晶晶川上平";比如"微雨洗高林,清飙矫云翮"。但是最让他念念不忘的,还是故乡的山川草木。

因此他说:"园田日梦想,安得久离析。"他日思夜想的,是旧时田园,怎能长久远离?显然,此时的陶渊明,去意已决。官场,终究会被他留在身后。

这首诗在构思上颇具特色。首先,它能显示作者的思想依时间的推移而出现的深度。他阻风于规林时,只是想到家乡美好的园林而不想从政,他说"静念园林好,人间良可辞";在夜行涂口时,只是想到一向爱好诗书,而园林中又没有世俗之情才,又不想从政,他说"诗书敦宿好,林园无世情";在经曲阿时,是看厌了异乡景象而不想从政,他说"目倦川途异,心念山泽居"。但在经钱溪时,看到钱溪品物美好而不想从政。这是作者采用"移就"的修辞手法把故乡的美移到钱溪来,并从根本思想写,集中笔墨写,就为退出仕途的决心增添了砝码。

想必,陶渊明曾无数次回味人生,回忆自己的游宦生涯。从最初的江州祭酒,到后来的桓玄幕僚,再到刘裕参军,最后到刘敬宣参军,虽有抱负在心,却总是因生活所迫而前往仕途。十余年的游宦日子,他几乎没有快乐可言。相反,身在官场,他能感受到的,只有寂寥与无味。

首先,他喜欢无拘无束,来去自由,而官场总是羁绊重重;其次,他心思简单,襟怀坦荡,性情高洁,而官场,少的是清雅疏淡,多的是狡诈虚伪；还有，他最钟情的，是与山水为邻，素朴平淡的生活，而官场充斥着是非恩怨，甚至还有血腥的屠戮。显然，官场是与他的天性和喜好极其不相宜的。所以，那些年他总是在仕与隐之间彷徨。

应该是这样，每每遇见湖光水色、烟雨斜阳，他就会怀念和向往散淡的日子。他不怕贫寒，但是很怕性情遭受折磨；他不怕寂寥，但是很怕人格遭受损害。对他来说，躬耕自给的生活，简单而不失趣味。春种秋收，忙有忙的价值，闲有闲的滋味，对于习惯了耕作为生的陶渊明来说，这样的生活弥足珍贵。

至少，春花秋月，夏风冬雪，都是自己的。

闲暇的时候，可以抚琴自娱，可以饮酒赋诗。

于他，那才是生活。

不为五斗米折腰

人生，就是一个找寻的过程。

我们不断地寻寻觅觅，既找寻风景，也找寻自我。

寻找的过程，也就是完满自己的过程。偶尔迷入荒径，偶尔跌入崖畔，都是生命中必不可少的山重水复。有时候，蓦然回首，柳暗花明，那便是人生在体悟中的丰盛。

陶渊明寻找的，是一种纯粹的生活方式。

他不要喧嚷，不要名利牵绊，只想将自己安放于自然。

义熙元年（公元405年）三月，刘敬宣辞官，陶渊明也随之离开了政坛。不过，这年秋天，陶渊明经其叔父陶夔介绍，又来到彭泽出任县令。四十一岁的陶渊明，对官场厌倦至极，之所以再次为官，主要还是基于生计压力和亲人劝说。不少隐士在隐退之前，都会选择做一任县令，为退隐生活做准备。陶渊明也有类似的打算，就物质待遇来说，县令显然比幕僚要丰厚得多。

彭泽是个在籍人口只有几万的小县，这里水网稠密，沼泽湖泊星罗棋布，气温冷热适中，土地肥沃，非常适宜农作物的生长。因此物产丰富，各种资源繁多，人民的生活也较为安定。应该说，在来这里任职之前，陶渊明心里是满意的。按照当时一条不成文的规定，每个县令可以拥有三百亩公田收支的支配权，收入也归县令所有。彭泽距离柴桑不过百里之遥，这也是他选择彭泽任县令的一个重要原因。

只不过，官场就是官场，无法与田园相比。再优厚的待遇，也消解不了他身在樊笼的痛苦。生活枯燥不说，还要应付各种无味的是非，以及营私舞弊等状况，陶渊明疲于也懒于应付。

当时的彭泽县，从孝武帝太元年间起，由于实行了每个成年男丁收租米五石的口税制以后，出现了两种现象，一是一般农民的负担大大增加，农民们不愿意拥有更多的土地。一些荒芜的山林沼泽地也无人愿意开垦，甚至有的农户还将一些贫瘠的土地丢弃，抛荒不种；二是隐匿人口情况严重，出现了在藉人口远远少于实际人口的怪现象，导致了政府税收减少，官府负担转嫁到了普通农民身上。

上任之后，陶渊明开始着手清查彭泽县的户口。他明白，只有掌握了真实的人口，官府的税收才能得以保证，那些因为仰仗权势地位所隐藏起来的人口造成的官府亏空才不会转嫁到百姓身上。

在彭泽县，清查户口的工作已多年未开展，前几任的县令，或者不深入探访民情，对实情不甚了解，因此熟视无睹；或者是虽然看出了问题，却由于种种干扰而中途停止。而干扰清查工作的有两种人,一种是财大气粗的大地主,用钱贿赂清查的衙役,帮他隐瞒人口;一种是当地的土豪劣绅,或与执法人员胡搅蛮缠,使其无法查清,或利用家族中有人在洲衙做官,以势压人,使清查人员不敢进行正常工作,只是象征性地登记完事。

例如城北的何泰,有良田数百顷,家中成年奴仆有几百人。因为何泰的弟弟何隆长期担任浔阳郡的郡丞,是太守的副职,所以历任县令都对何家睁一只眼闭一只眼,登记在册的男丁只有数十人。于是,很多地主和豪绅都仿效何泰。

陶渊明生性耿介,向来厌恶官场相互依存和包庇的恶习,因此此番清查户口,他采取了强硬手段。他通过突然拜会何泰,带领衙役进何府,当场责成何泰管家拿出花名册,逐一核对,共查出何泰家隐瞒成年男丁两百余名,一举震动了全县,仅半个月的时间就清查出被财主豪绅隐瞒的成年男丁三千多名。

初战告捷之后,他又布告周知各地,宣布从次年开始,每个成年男丁所缴纳的税米由原来的五石减少为三石,县民齐声欢呼,纷纷赞扬新县令的英明和爱民如子的美德。

然而,这样一来,户口隐瞒问题基本得到了解决,却因此得罪了浔阳郡丞何隆,他让督邮刘云去惩戒一下陶渊明。督邮是郡中的属官,负责具体监察和考核郡中所属各县官员的政绩,对各县官员的升降任免有着直接的影响。浔阳郡的督邮刘云,以凶狠贪婪闻名远近,每年冬夏二季,他都要巡视各县,称作行部,而每次行部,都是满载而归。

刘云受何隆之命,依计来到彭泽,他事先没有行文通知,而是突然闯进县衙,以便给陶渊明一个措手不及。恰在这时,陶渊明正和几个幕僚喝酒闲聊,听说何云到来,立即撤席出迎,不料刘云却怒气冲冲,不仅不还礼,还将陶渊明厉声训斥了一番,数落他无所事事,不务正业,有愧朝廷俸禄。训斥之后,刘云拂袖而去。

刘云走后,陶渊明询问众人,他为何那般愤怒。一名县吏告诉陶渊明:"按规定,你得整衣束带去见他。"细想之后,陶渊明明白了,刘云之所以如此,不过是借题发挥,想要索取贿赂。他的答复是:"吾不能为五斗米,折腰向乡里小人!"

倔强如他,傲然如他,绝不会向权贵屈服。

他可以安于贫寒,可以寄迹风云,但绝不允许人格受辱。

他的清高,是深存于骨子里的,从来不是故作姿态。

身为诗人,理应心如明月,纯澈清白。

尔虞我诈、钩心斗角的官场,的确不适合心性纯净的诗人。陶渊明如此,李白亦是如此。他们,就应属于山河岁月,在明山净水之间安度平生。身在仕途,百事皆非,只能落得满心憔悴。

当天晚上,陶渊明便脱去了官服,解下了官印。为生计而为官,本就非他本意。既然官场与自己性情不合,也就不值得留恋。次日,他辞去了县令之职,离开了彭泽。身为彭泽县令,前后仅八十一天。走得潇洒。

对于辞官的原因,陶渊明自己的说法与从前辞去江州祭酒时相同,"不堪吏职"。对于州县的吏职,他似乎格外不能忍耐。大概是因为,州县里琐事太多,又难以遇到几个才华不菲能与他把酒酬唱的人。而身为幕僚,至少有不少才华与性情兼具的文士,他不算太孤独。当然,不论是身为幕僚还是州县官吏,他都觉得无比厌倦。骨子里的傲岸和对自由的向往,让他每次步入仕途,都极力想要逃出。

关于任彭泽县令的始末,陶渊明在《归去来兮辞》序言中讲得清楚。

> 余家贫，耕植不足以自给。幼稚盈室，瓶无储粟，生生所资，未见其术。亲故多劝余为长吏，脱然有怀，求之靡途。会有四方之事，诸侯以惠爱为德，家叔以余贫苦，遂见用于小邑。于时风波未静，心惮远役，彭泽去家百里，公田之利，足以为酒。故便求之。
>
> 及少日，眷然有归欤之情。何则？质性自然，非矫厉所得。饥冻虽切，违己交病。尝从人事，皆口腹自役。于是怅然慷慨，深愧平生之志。犹望一稔，当敛裳宵逝。寻程氏妹丧于武昌，情在骏奔，自免去职。仲秋至冬，在官八十余日。因事顺心，命篇曰《归去来兮》。乙巳岁十一月也。

家境贫寒，为生计着想，他才出仕为官。

在这篇序言中，他说了另一个辞官的原因，那就是获悉嫁到武昌的妹妹突然去世了。不过，辞去官职，远离喧嚣，这显然是极其次要的原因。

曾经，他心怀壮志，有济世安民之愿望。多年后，理想早已湮灭于岁月，他不得不为了生活，违背本意而去做官。但是，每每身在官场，见阿谀逢迎之事，见虚伪狡诈之人，便觉得身在樊笼。天性清雅高洁，这是勉强不得的。他做不到卑躬屈膝，也做不到低眉顺眼，他只愿纯正地活着，不损志趣，不违心意。

所以，他终于彻底地离开了官场。

离开的时候，留下了那句：吾不能为五斗米，折腰向乡里小人。

来得悄然，去得洒脱。飘洒如风。

卷五：诗酒且自流连

所有风景，都只为懂得的人存在。
山光水色，有人流连忘返，也有人走马观花。
终究，不懂欣赏，便无风景。

归去来兮

繁华里面，住着喧嚣，住着迷惘。

自然地，也住着无数追名逐利的人们。

然而，繁华如纸，背后尽是苍白与萧索。与其陷身其中，不如远离喧嚷，独面清欢。有时候，做个看客，静观世事百态，倒也落得自在。

厌倦至极的时候，陶渊明终于离开了官场。据《宋书·陶潜传》和萧统《陶渊明传》所说，陶渊明归隐是出于对腐朽现实的不满。政治昏暗，仕途艰险，这显然是他辞官的重要原因。

陶渊明从晋武帝太元十八年（公元 393 年）起为江州祭酒，到义熙元年为彭泽县令，十余年中，数次出仕，从未找到归属感和满足感，而他的政治抱负也终于被现实消磨殆尽。当时，朝廷式微，政权总是掌握在各大军阀手中，政治社会可谓昏暗无光。

晋安帝元兴二年（公元403年），军阀桓玄篡晋，自称楚帝。元兴三年，另一个军阀刘裕起兵讨伐桓玄，打进东晋都城建康。义熙元年，晋安帝复位，刘裕开始在政坛翻云覆雨。伴随着军阀混战而来的，是国事蜩螗，民不聊生。

陶渊明天性清正，而当时官场风气却极为腐败，谄上骄下，胡作非为，廉耻扫地。一个正直的士人，在当时的政治社会中绝无立足之地，更谈不上实现理想抱负。十几年间，陶渊明始终在仕进与隐退之间徘徊。最终，他彻底看清了官场的真相，决定离开，隐退山野。

不过，作为诗人，他在官场漂泊多年后终于选择离开，主要还是服从本心。清高傲岸如他，喜欢无拘无束，不喜逢迎驱策，与俗事纠葛颇多的官场本就格格不入。

试想，假如政治清明，陶渊明是否能安心地寄身仕途？恐怕也是很难。最让他醉心其中的，到底还是身在自然，与山光水色相邻相依的宁静生活。在后来所写的一些文章里，陶渊明对于当初辞官也略有交代。

在《祭从弟敬远文》中写道："余尝学仕，缠绵人事，流浪无成。惧负素志，敛策归来。尔知我意，常愿携手，置彼众议。"在《与子俨等疏》中写道："吾年过五十，而穷苦荼毒，每以家弊，东西游走。性刚才拙，与物多忤。自量为己，必贻俗患。"

一个性情纯粹高逸、素喜山水田园的诗人，必定与世俗难以相容，也必定与官场气息难以相容。官场需要的气质，他都没有，也不愿学习，比如曲意逢迎，比如卑躬屈膝，比如虚与委蛇。他只愿，随本性而活，不与真实的自己背离。

辞官之后，陶渊明写了篇《归去来兮辞》。

满纸欣喜,足见远离尘嚣之快意。

归去来兮,田园将芜胡不归?既自以心为形役,奚惆怅而独悲?悟已往之不谏,知来者之可追。实迷途其未远,觉今是而昨非。舟遥遥以轻飏,风飘飘而吹衣。问征夫以前路,恨晨光之熹微。

乃瞻衡宇,载欣载奔。僮仆欢迎,稚子候门。三径就荒,松菊犹存。携幼入室,有酒盈樽。引壶觞以自酌,眄庭柯以怡颜。倚南窗以寄傲,审容膝之易安。园日涉以成趣,门虽设而常关。策扶老以流憩,时矫首而遐观。云无心以出岫,鸟倦飞而知还。景翳翳以将入,抚孤松而盘桓。

归去来兮,请息交以绝游。世与我而相违,复驾言兮焉求?悦亲戚之情话,乐琴书以消忧。农人告余以春及,将有事于西畴。或命巾车,或棹孤舟。既窈窕以寻壑,亦崎岖而经丘。木欣欣以向荣,泉涓涓而始流。善万物之得时,感吾生之行休。

已矣乎!寓形宇内复几时?曷不委心任去留?胡为乎遑遑欲何之?富贵非吾愿,帝乡不可期。怀良辰以孤往,或植杖而耘耔。登东皋以舒啸,临清流而赋诗。聊乘化以归尽,乐夫天命复奚疑!

田园,注定是陶渊明的归属。

无论何时,他都愿意将自己安置其中,自得其乐。

既然仕途无味,只会损害本性,那么及时辞去官职,回归田园,也不算太晚。对于陶渊明来说,田园是自由生活的象征。他说田园将芜,意味着自由的失落。归途之中,船在水上飘荡,微风吹拂着衣裳,悠然之情尽在心中。此情此景,恰如李白笔下所写:两岸猿声啼不住,轻舟已过万重山。

可见，离开了束缚重重的官场，陶渊明无比激动，他归心似箭，日夜兼程，恨不得刹那间回到家里，亲近山水。终于逃出了樊笼，就是这样的心情。从前，每次去赴任，想到即将面对官场是非，他从未有过兴高采烈。

不久之后，他回到了家里。需要指出的是，此时他回去的地方，是出仕以后所建的住宅，即诗里所写之园田居，并非柴桑故宅。让他惊喜的是，妻子翟氏为他举行了隆重的欢迎仪式，孩子们早已等在院里。相聚的画面，温暖而祥和。这是诗人久已盼望着的画面。然后，稍作歇息，妻子为他斟一杯酒，以解去旅途疲劳，这让他颇感欣慰。有个贤惠的妻子，有一群天真的孩子，家庭无比温馨，可以说这是他归隐的保证。

从前隐居时常走的小径已经荒芜，只有松菊傲然生长着。显然，对于十余载的官场生活，陶渊明颇有悔意。不过，他说"松菊犹存"，言外之意是，自己的高洁与傲岸犹存。

于陶渊明，陋巷草庐，布衣素餐，都无所谓。

此后，或徘徊于小径，或漫步于园中，其乐无穷。

一颗诗心，万丈红尘，因为少了羁绊，便有了不尽的快意。

甚至，拄杖走走停停，也是意趣横生。

偶尔，夕阳西下，独自山中，相望白云飞鸟，也是乐事一桩。有些情境，寻常人以为孤独，诗人却不以为然。林和靖独处孤山二十年，常人觉得孤寂，于他却是怡然自得。李白诗云："众鸟高飞尽，孤云独去闲。相看两不厌，唯有敬亭山。"虽然看上去孤独，但是与高山孤云倾情相对，何尝不是一种自由！

身处田园，耳畔皆是真实而亲切的话语，再没有官场那些冠冕堂皇与虚伪诡诈。有时候，哪怕只是闲谈农耕之事，他也觉得快乐。琴书在侧，诗酒为邻，日子丰盈。

对于隐者来说，深居茅舍，诗酒度日，自是快意无比。有时候，驾车出游，让自己行走于山野，又或者孤舟独去，纵情于云水，皆有难言的意趣。陶渊明，是诗人，是高士，是隐者。对他来说，山水草木，皆为知己。显然，对于自小喜欢寂静，喜欢湖山丘壑的诗人来说，官场岁月就像一场苍白的梦。

刹那人生，与其汲汲于功名，与其漂泊于仕途，不如顺从心愿，安坐云水之间。陶渊明说"富贵非吾愿，帝乡不可期"。帝乡即仙乡，指道教所说神仙世界，其实亦可兼指佛教所说西方净土。也就是说，他既不求功名富贵，亦不求长生于世，他只想简单而真实地度过人生。

由此即可透视渊明的人生哲学。他既否定了世俗政治社会，亦摒弃了宗教彼岸世界。在士风热衷官职，同时佛老盛行的东晋时代，其境界不可谓不高明。他的人生态度是认真的、现世的。他要在真实的生活中，求得人生之意义，实现人生之价值。当然，对诗人来说，人生的意义和价值，不在于拥有，而在于体悟。

对于此后的生活，陶渊明有清晰的设想。那便是晴耕雨读，诗酒为欢。偶尔登高长啸，偶尔临流赋诗。春秋冬夏，雪月风花，因为诗意在心，所有的日子都是好日子。

人生，是一场寂静而短暂的旅行。他只愿，顺随自然变化，生老病死。"聊乘化以归尽，乐夫天命复奚疑"结二句是诗人人生哲学的高度概括。《周易·系辞》云："乐天知命故不忧。"化、天命皆指自然之道。让自己的生命始终顺应自然之道，即实现了人生的意义，此足可快乐，此即为快乐。

乐天知命，这是陶渊明的生命哲学。固然，在许多人看来，这样的思想很消极,但是别忘了,陶渊明是个诗人,他若是为了实现许多人所言的人生价值而苦苦追逐,便不再是个纯粹的诗人。事实上,正因为选择了归隐,他才能成为我们熟悉的那个诗人,才能以其不朽之诗文,光照千秋。

现在,陶渊明已归田园。一身自在,满心欢悦。

许多寻常的日子,都将因他的诗而丰盛。

久在樊笼里,复得返自然

四十无闻懒慢身,放情丘壑任天真。
悠悠往事杯中物,赫赫时名扇外尘。
短策看云松寺晚,疏帘听雨草堂春。
山花水鸟皆知己,百遍相过不厌贫。

这是唐代诗人戴叔伦的《暮春感怀》,可谓写尽了隐居生活的悠然惬意。隐居,不是简单地从繁华中退出,去到山野。而是放下俗事牵绊,放下名利念想,将澄澈的自己交付给林泉山水。

隐居,应该是灵魂世界的清净无尘,了无俗念。若能如此,纵然身在繁华喧嚣之处,亦能活出隐者的姿态。身处闹市,莳芳种草,浅酌低吟,独得几分闲雅,也是一种归隐。所以说,大隐隐于朝,中隐隐于市,小隐隐于野。不过,身在朝野或市井,而独得清欢者毕竟太少。古今大多数隐者,都愿意将自己安放于林山。

陶渊明,经过十余年仕与隐的矛盾之后,终于选择了归隐。

人在山野,心向云水,日子平静而诗意。

真正的隐居，从来不是山水之间的几日纵情，而是灵魂毫无保留的依归。陶渊明隐退田园，开始了躬耕田野的日子，从此再未踏足仕途。年轻时候，家境清贫，他就习惯了边耕作，边读书的生活，此时更是乐此不疲。对这个恬淡的诗人来说，躬耕的日子里，有风有月，有诗有酒，足可愉悦半生。

当然，突然辞官，回归故里，以耕作为生，难免受人非议。但他毫不在意，选择隐退林泉，也就选择了所有的赞叹和指摘。生于尘世，我们都要做很多选择。所有的选择，都会有人褒贬。无论如何选择，最重要的是无怨无悔。就像陶渊明，选择了隐退，选择了返璞归真，便从此一去不返。他知道，林泉之间，有他需要的灵魂自由。

走出樊笼，归向自然，他的心情很是愉悦。

因此，诗意也是翩然而至。《归园田居五首》即作于此时。

少无适俗韵，性本爱丘山。误落尘网中，一去三十年。
羁鸟恋旧林，池鱼思故渊。开荒南野际，守拙归园田。
方宅十余亩，草屋八九间。榆柳荫后檐，桃李罗堂前。
暧暧远人村，依依墟里烟。狗吠深巷中，鸡鸣桑树颠。
户庭无尘杂，虚室有余闲。久在樊笼里，复得返自然。

人们说，愿你出走半生，归来仍是少年。

有的人，走入人海，走入尘嚣，便染上了世俗之气，变得世故，变得虚伪。也有人穿过红尘俗世，仍是最初的模样，清澈如水，淡净如月。陶渊明属于后者。率真如他，虽然在仕途跋涉多年，却始终没有学会逢迎曲意，钻营取巧。

年轻时候,他就喜欢山水,多年后仍是如此。他喜欢宁静的乡村,喜欢生于斯、老于斯。与之相比,昏暗无光的官场,几乎就是泥淖深渊。所以,带着他的孤傲与清逸,辞官归田,这是基于性情的选择。

后面两句,"三十年"应该是"十三年"。他从开始做江州祭酒,到辞去彭泽县令,前后一共十三年。所以"一去三十年"是"一去十三年"之误。这两句是说,自己不得已出去做官,一去就是十三年。

他很庆幸,终于逃出了尘网,回到了熟悉的田园乡野。就像被束缚的鸟终于飞上天空,水池里的鱼终于回归曾经生活的水潭。远离机巧和纷扰,开荒耕种,简朴度日,对他来说,是幸福的事。他的天性,就是属于自然的。

看看他现在身处的画面:没有广厦华服,没有玉盘珍馐,只有方宅十余亩,草屋八九间。深山野村,炊烟袅袅,花草树木,参差成荫。当然,小村野径,少不得鸡鸣犬吠,正是这声响,让整幅画面生动了许多。

闲暇之余,可以读书,可以抚琴,可以听风,可以看雨。自然地,也可以于清风明月之下,小酌几杯,放逐光阴。独自斟酌,或者邀两三知己对饮,皆是意趣无穷。当然,最让他满足的,不是悠闲,而是远离了纷扰,没有了羁绊。他说"久在樊笼里,复得返自然",欣喜之情溢于言表。

田园生活的好处,不仅在于远离了世事喧嚣。还在于,了无俗心,自得其乐。

野外罕人事,穷巷寡轮鞅。白日掩荆扉,虚室绝尘想。
时复墟曲人,披草共来往。相见无杂言,但道桑麻长。
桑麻日已长,我土日已广。常恐霜霰至,零落同草莽。

古巷小村，没有车马喧嚣，有的是无边的宁静。

在这里，诗人可以掩上柴扉，隔绝尘念，抚琴读书；也可以去到田野，与乡邻闲谈，不说名利，只说桑麻。在这里，人与人之间，没有世俗纠葛，只有清澈与明净。

这是真实的农耕生活。有广阔的天地，有宁静的山野，有淳朴的乡邻。反正，就是没有官场的是非恩怨，也没有官场之人的心机与挣扎。不过，诗人也有担忧，那就是担心霜雪降临，使庄稼凋零如同草莽。

陶渊明的诗，浅近朴实，不事雕琢。这首诗，描述乡居生活的日常，让读者去体会小村的宁静和他心境的悠然。全诗流荡着一种古朴淳厚的情味。元好问说："此翁岂作诗，直写胸中天。"的确如此。

种豆南山下，草盛豆苗稀。晨兴理荒秽，带月荷锄归。
道狭草木长，夕露沾我衣。衣沾不足惜，但使愿无违。

看上去，那是一个辛劳却惬意的身影。

许多文人墨客，所谓隐居，只是纵情山水，并不从事实际的劳作。而陶渊明，是将自己安置于田间地头，真真切切地体会耕作的辛苦，以及收获时的欢喜。他过的，是真实的农耕生活。只不过，这样的生活里，有云水，有烟雨，有诗酒，有醉意。

也许，是耕作技术不佳，也许是气候使然，总之种豆山下，豆苗稀少，荒草繁盛。但他显然不沮丧，而是将这田间之事，如实地写在了诗里。就像，与邻翁闲话家常，淳朴而亲切。由此可以看出陶渊明乐观和幽默的天性。

农人的生活大抵如此：清晨下地劳作，傍晚疲惫而归。虽然辛苦，却是实实在在的生活的滋味。对于心性淡泊的陶渊明来说，这样的日子，远比受官场羁束要来得快活。

因为身心自由,道窄草深,夕露沾衣,他都不在意。所以他说,"衣沾不足惜,但使愿无违"。他的心愿,就是将自己流放在自然之中,临近草木林泉,远离功名喧嚣。如今他已身在田园,了无遗憾。于是,早出晚归,耕作田间,也是乐在其中。

生活的滋味,只有自己知道。往往,你厌弃的生活,正是别人趋之若鹜的。相反,你心向往之的生活,许多人望而却步。陶渊明此时的生活,在许多漠视劳作的读书人看来是无比辛苦的,但在他自己看来,这样的生活自由而充实,所以毫无怨言。

怅恨独策还,崎岖历榛曲。
山涧清且浅,可以濯吾足。
漉我新熟酒,只鸡招近局。
日入室中暗,荆薪代明烛。
欢来苦夕短,已复至天旭。

有时候,陶渊明也会外出,行走于山野。

因为游兴太浓,往往是还未尽兴,已至日暮时分。于是,只好带着些许遗憾,惆怅地归去,就像这首诗开头所写:怅恨独策还,崎岖历榛曲。

这首诗的三、四两句"山涧清且浅,可以濯吾足",化用《孟子·离娄》"沧浪之水清兮,可以濯我缨;沧浪之永浊兮,可以濯我足"句意,显示了作者的生活情趣和委身自然、与自然相得相洽的质性。

然后,他回到了家里,画面转到了室内。出游而未尽兴的遗憾已然消失无踪,只因杯酒的清欢。尽管,酒为新熟,菜仅只鸡,草屋昏暗,以薪代烛，他却丝毫不觉得寒酸。原本，乡野的生活就是如此，素朴简单，关键在于以安恬之心与之相对。对陶渊明来说，醉在酒杯里，便可宠辱偕忘。他喜欢，在浅斟低唱中，流放时光。

这就是陶渊明的隐居生活。真实而写意。

淡泊名利，超然物外，才算得上真正的隐居。

隐居，首先是精神的归隐。

寄情诗酒

酒杯里，红尘摇曳，世事浮沉。

对于诗人来说，临风把酒，足可忘却万丈红尘。

纵身跃入酒杯，半醉半醒，离合聚散、悲喜浮沉，尽数摇摇晃晃。所谓诗酒趁年华，诗与酒向来相得益彰。有酒无诗，不免少了些韵味；有诗无酒，不免少了些飘洒。

阮籍好酒。据《世说新语·任诞》中记载："步兵校尉缺，厨中有贮酒数百斛，阮籍乃求为步兵校尉。"为了能喝到酒，不惜辞去了司马氏的幕僚职务，去当个不知名的步兵校尉。由此可知，他着实已痴迷于酒了。

当然，酒之一物，既能令人沉醉，也可以使文人的创作灵感飘然而至。司马昭欲篡权夺位，需大臣书写一封劝谏魏帝自行退位的谏书。大臣们深知这是件对魏不义的事，便将其推给了阮籍。阮籍也知此文不好写，无奈之下便整日饮酒，不管他事。临到用时，司马昭差人去取文，却发现阮籍已酩酊大醉，正趴在桌子上酣睡。使者大急，叫醒阮籍索文。

阮籍醉眼惺忪，取出纸笔，临场发挥，借着几分醉意将《为郑冲劝晋王笺》一气呵成，文辞清正，令使者叹为观止。阮籍醉酒成文的故事也由此传开。

李白嗜酒如命，更是天下皆知。无论身在何处，无论岁月几何，他总喜欢将自己放逐在酒杯中，醉意朦胧，写尽春秋。狂傲如他，带着几分醉意，可以藐视王侯将相。所以杜甫在《饮中八仙歌》里写道："李白一斗诗百篇，长安市上酒家眠。天子呼来不上船，自称臣是酒中仙。"斗酒诗百篇，未免有些言过其实，但他的确喜欢趁着酒意，任意挥洒，游戏笔墨。所以，他既是诗仙，亦是酒仙。

陶渊明，不似阮籍不羁，亦不似李白狂傲，却也是无酒不欢之人。无论在他自己的文字中，还是在史料记载中，他都是极其好酒的。读他的诗，仿佛时时都能嗅到酒香。可以想象，许多日子，他曾独酌篱下，与醒醉之间，落笔写诗。田园生活，因了这诗酒交织的情节，多了些朦胧。萧统在《陶渊明集序》中说："有疑陶渊明之诗，篇篇有酒。"可见诗人对酒之偏好，以及陶诗与酒之融洽。

年轻时，陶渊明便好酒。他到亲戚家饮酒，时常喝醉，醉了便兴尽而归。他在《五柳先生传》中写道："性嗜酒，家贫不能常得。亲旧知其如此，或置酒而招之。造饮辄尽，期在必醉，既醉而退，曾不吝情去留。"

后来，任彭泽县令，虽是在看透政治黑暗决心归隐前为往后生计考虑而做出的选择，但能够饮酒也是一个原因。他在《归去来兮辞》序言中说："彭泽去家百里，公田之利，足以为酒。故便求之。"

刘宋著名文学家颜延之与陶渊明相交甚笃。后来，颜延之做始安郡太守，经过浔阳，曾与陶渊明相聚数日。临走之时，给陶渊明留下两万钱，陶渊明就全部送到酒家，陆续取酒。

天生好酒之人，即使身处窘境，也总愿意寻得几分酒意。隐居后的陶渊明，尤其是晚年，生活其实是清苦的。收成好的时候，还可以"欢言酌春酒，摘我园中蔬"；逢着饥馑之年，便是"倾壶绝余沥，窥灶不见烟"。即使如此，他对酒的嗜好仍丝毫不减。

陶渊明有首《乞食》诗，写其晚年遭灾，困窘至极，只好出门求乞，敲开一家人的门，主人用酒饭招待。他在诗中写道："谈谐终日夕，觞至辄倾杯。情欣新知欢，言咏遂赋诗。"境遇几乎是山穷水尽，饮几杯酒，便有无比的欢愉。

好酒之人就是这样，饮酒是人生中不可或缺的情节。

欢畅时饮酒，落寞时也饮酒，独自时饮酒，相聚时也饮酒。

酒杯里，有长风落日，也有烟雨人间。

其实，饮酒并非图醉，而是为了在醉与醒之间，将自己，将岁月，将前尘往事看个通透。七分醉意里，是摇摇晃晃的世界；而那三分清醒中，独自立着的，是真实的自己。

如今，身在田园，日子恬淡，自然少不得酒。事实上，在初归田园的那日，陶渊明便浅酌了一番，陶然自得。他在《归去来兮辞》中写道："携幼入室，有酒盈樽。引壶觞以自酌，眄庭柯以怡颜。"牵着孩子们进入家门，满满酒樽已经摆好。然后，自斟自酌，欢喜难以言说。

此后，耕读自给的日子，他时常寄情于诗酒，正因如此，简单的生活才能趣味横生，从不显得苍白。他喜欢趁着酒意落笔，记述田园生活的美丽与哀愁。他的许多诗，都带着浓浓的酒意，而且还有单以饮酒为题的《饮酒》诗二十首。

衰荣无定在，彼此更共之。邵生瓜田中，宁似东陵时。
寒暑有代谢，人道每如兹。达人解其会，逝将不复疑。

忽与一樽酒，日夕欢相持。

秋菊有佳色，裛露掇其英。泛此忘忧物，远我遗世情。
一觞聊独进，杯尽壶自倾。日入群动息，归鸟趋林鸣。
啸傲东轩下，聊复得此生。

清晨闻叩门，倒裳往自开。问子为谁与？田父有好怀。
壶浆远见候，疑我与时乖。褴缕茅檐下，未足为高栖。
一世皆尚同，愿君汩其泥。深感父老言，禀气寡所谐。
纡辔诚可学，违己讵非迷。且共欢此饮，吾驾不可回。

有客常同止，取舍邈异境。一士常独醉，一夫终年醒。
醒醉还相笑，发言各不领。规规一何愚，兀傲差若颖。
寄言酣中客，日没烛当秉。

故人赏我趣，挈壶相与至。班荆坐松下，数斟已复醉。
父老杂乱言，觞酌失行次。不觉知有我，安知物为贵？
悠悠迷所留，酒中有深味。

陶渊明在《饮酒》组诗的序言中写道："余闲居寡欢，兼秋夜已长，偶有名酒，无夕不饮。顾影独尽，忽焉复醉。既醉之后，辄题数句自娱。纸墨遂多，辞无诠次。聊命故人书之，以为欢笑尔。"自然，隐居的日子，也有孤影无眠、郁郁寡欢之时，但有了酒，所有的惆怅与寂寥，便有了安放之处。

陶渊明的田园诗，在其作品中占有很大的比重。他喜欢畅游山水，也喜欢流连诗酒。读他的田园诗，似乎能看到他的身影，在云下花间，醉意迷离。想必，酒浓之时，他也会如曹操那般感叹："对酒当歌，人生几何。"他并非无忧无虑之人，但他会将所有的烦忧借诗酒排遣。于是，我们看到的，便是一个飘然于田园的身影。

不过，陶渊明的二十首《饮酒》诗，也不尽是抒写醉意翩跹的生活。其中有不少诗或明或暗地写出了他从出仕到归隐生活中的种种观感和体验，有他对险恶、污浊的社会的忧愤与不满。他将这些诗归在《饮酒》这个总题目下，通过"饮酒"来"咏怀"，是为了以酒为掩饰，避免迫害。《饮酒》二十首最后一首最后两句，诗人特意申明："但恨多谬误，君当恕醉人。"意思是，只怕我的诗中多有谬误不当之词，请求谅解，毕竟我是个醉酒之人。

> 运生会归尽，终古谓之然。世间有松乔，于今定何间。
> 故老赠余酒，乃言饮得仙。试酌百情远，重觞忽忘天。
> 天岂去此哉，任真无所先。云鹤有奇翼，八表须臾还。
> 自我抱兹独，僶俛四十年。形骸久已化，心在复何言。

这首诗题为《连雨独饮》。

阴雨连绵的日子，何以遣怀？我想，莫过于三两好友，把酒闲谈。而那些天，陶渊明家中，并无好友来访。他只能独自斟酌，慰藉孤独。他说，初饮一杯断绝杂念，继而再饮可忘却苍天。他说，抱定认真之信念，便无烦忧可言。可以说，饮酒是诗人自我解脱的一条重要途径。所以，想过戒酒，终究还是放弃了。

居止次城邑，逍遥自闲止。坐止高荫下，步止荜门里。
好味止园葵，大欢止稚子。平生不止酒，止酒情无喜。
暮止不安寝，晨止不能起。日日欲止之，营卫止不理。
徒知止不乐，未知止利己。始觉止为善，今朝真止矣。
从此一止去，将止扶桑涘。清颜止宿容，奚止千万祀。

——《止酒》

对于好酒之人，无酒也便生而无味。

陶渊明，可以辞官，可以守穷，但不可一日无酒。所以，对他来说，停止饮酒无疑是一件极其痛苦的事。由这首诗可见，陶渊明曾打算借酒，却无奈天性嗜酒，怎么都舍弃不了酒杯中的几分快意。

假如陶渊明真的不再饮酒，那么他的田园生活必然会失去许多滋味，而他的诗也将减色不少。寄情山水，饮酒赋诗，于醉意中穿行于乾坤今古，这才是真正的陶渊明。

现在，陶渊明过着他的田园生活，乐不思蜀。

耕作之余，临风把盏，醉意朦胧。然后，落笔为诗。

满纸清风明月。他在其中，亦醉亦醒。

心远地自偏

岁月如纸，原本苍白。

不过是，日升日落，花谢花开。

但我们可以执笔蘸墨，画下碧树芳草，画下烟雨斜阳。

生活的质感，来自我们的情趣。有的人纵然拥有广厦千间，仍然活得索然无味。有的人哪怕身处陋室，也能吟风弄月，于萧瑟处活出几分翩然。隐居生活，倘若心中没有万千景致，必然难忍其中的单调与孤寂。而诗人，因为诗意在心，可以吟诵春秋，可以对酌风月，简单的日子因此意趣不尽。

陶渊明便是如此。隐居的他，看起来像个十足的乡野农夫。躬耕田野，春种秋收，生活单调而辛苦。他之所以能够乐在其中，首先是他有颗恬淡之心，能够安于素朴生活；其次，他是个诗人，农闲之时，可以把酒写诗，可以抚琴向月，平淡的日子便不再平淡。

一个人，若内心苍白，那么他的生活也必然苍白。

反之，一个人若是足够丰盛，无论身在何处，总能活出兴味。

坐拥诗酒风月，陶渊明的日子宁静而安适。

> 结庐在人境，而无车马喧。
> 问君何能尔？心远地自偏。
> 采菊东篱下，悠然见南山。
> 山气日夕佳，飞鸟相与还。
> 此中有真意，欲辨已忘言。

东篱之下，把酒采菊。

他喜欢这样，如闲云野鹤，自在地活在天地之间。

无需谁经过，这是他独自的地老天荒。

他说，心远地自偏。心若无尘亦无喧嚷，不论在何处，总能独得清静。隐居的地方，虽然人来人往，但他独取安详。因为摆脱了世俗的束缚，所以即使身处喧嚣之地,也能活得轻描淡写。

曾经,他心怀建功立业的理想,数度出仕既是为生计着想,也是为了实现匡时济世的抱负。然而,最终他看清楚了,社会腐败不堪,官场风波不休,于是他选择固穷守节,洁身自好,隐居田园,躬耕自资。卸下了功名之心,他活得飘洒自在。

所谓"心远",既指远离仕途,也指远离尘俗。每个人都有对人生的认知和追求,有人追逐名利,为此不惜耗尽华年。也有人淡泊名利,独爱云水。陶渊明喜欢耕作自资、素朴散淡的生活。他追求的,是生命与自然的和谐。在陶渊明看来,人不仅是在社会和人与人的关系中存在的,更重要的是每一个个体生命作为独立的精神主体,都直接面对整个自然和宇宙而存在。这是他的人生哲学,但并不明说,而是安置在素淡的诗句里。

东篱采菊,偶然间抬头,便能看见南山。或许,突然的寂静,也能听到流水潺潺。所谓悠然大概就是如此,不经意间,逢着山明水净;不经意间,感觉神清气爽。身心与自然相融,恰到好处,了无痕迹。

日暮时分,雾气峰间缭绕,飞鸟结伴而还。

他也会带着心满意足的自己,悠然而归。

返璞归真,日子就是这副模样。

他说"此中有真意,欲辨已忘言"。的确,生活的妙处,全在于用心去体会。悠闲与自在,快意与翩跹,皆是内心的感受。其中妙处,非语言可以触及。

陶渊明爱酒、爱菊花。萧统《陶渊明传》中记有这样一件事:陶渊明"尝九月九日出宅边菊花丛中坐。久之,满手把菊。忽值弘(江州刺史王弘)派人送酒至,即便就酌,醉而归"。后来,好事的文人们将这件事作为典故,演化成重阳节饮菊花酒(也称东篱酒)、赏菊花、赋菊花诗的雅事,并逐步成为流传千百年的民间风俗。

唐代的崔曙在《九日登望仙台呈刘明府容》中写道:"且欲近寻彭泽宰,陶然共醉菊花杯。"可惜,重阳节于山中篱下,独酌或共饮菊花酒的人不计其数,但陶渊明那份远离尘俗的悠然之情,后来的人们难以寻得。

耕作的生活,应该说有苦有乐。后来的岁月,陶渊明曾有两首诗,写收获时的心情,分别是《庚戌岁九月中于西田获早稻》和《丙辰岁八月中于下潠田舍获》。

人生归有道,衣食固其端。孰是都不营,而以求自安。
开春理常业,岁功聊可观。晨出肆微勤,日入负耒还。
山中饶霜露,风气亦先寒。田家岂不苦?弗获辞此难。
四体诚乃疲,庶无异患干。盥濯息檐下,斗酒散襟颜。
遥遥沮溺心,千载乃相关。但愿长如此,躬耕非所叹。

贫居依稼穑,戮力东林隈。不言春作苦,常恐负所怀。
司田眷有秋,寄声与我谐。饥者欢初饱,束带候鸣鸡。
扬楫越平湖,泛随清壑回。郁郁荒山里,猿声闲且哀。
悲风爱静夜,林鸟喜晨开。日余作此来,三四星火颓。
姿年逝已老,其事未云乖。遥谢荷蓧翁,聊得从君栖。

真实的农耕生活,有风雨,有劳苦,有不可期的天灾。就像他在诗中所写:"田家岂不苦?弗获辞此难。四体诚乃疲,庶无异患干。"尽管如此,他还是怡然自得。毕竟,对他来说,身心无所羁绊是最重要的。

至于劳作之苦,并不能影响他的恬淡与自得。选择了躬耕为生,也就选择了辛苦与清贫。陶渊明从不后悔。

小径炊烟,斜阳芳草,那是他喜欢的自然。他可以散发乘夕凉,也可以长啸对空山。因为心无牵绊,所以乐而忘忧。而且,有诗有酒,日子几无缺憾。他说:"盥濯息檐下,斗酒散襟颜。"畅快之情尽在其中。

两首诗的结尾,"但愿长如此,躬耕非所叹""遥谢荷蓧翁,聊得从君栖",合起来意思就是致意古代隐居躬耕的先哲,我亦在追随其脚步,躬耕田野,安贫乐道,因为自由自在,所以无怨无悔。

当然,日子有晴有阴,生活有明有暗。

陶渊明虽然恬淡自安,也有落寞悲伤的时候。

义熙三年(公元407年)五月初六,程氏妹丧服之期已至两轮。陶渊明用一猪一羊的祭品,默哀并洒酒祭奠。他写了篇《祭程氏妹文》,言辞沉痛。

维晋义熙三年,五月甲辰,程氏妹服制再周。渊明以少牢之奠,俯而酹之。呜呼哀哉!

寒往暑来,日月寖疏,梁尘委积,庭草荒芜。寥寥空室,哀哀遗孤。肴觞虚奠,人逝焉如!

谁无兄弟,人亦同生。嗟我与尔,特百常情。慈妣早世,时尚孺婴。我年二六,尔才九龄。爰从靡识,抚髫相成。咨尔令妹,有德有操。靖恭鲜言,闻善则乐。能正能和,惟友惟孝。行止中闺,可象可效。我闻为善,庆自己蹈。彼苍何偏,而不斯报!

昔在江陵,重罹天罚。兄弟索居,乖隔楚越。伊我与尔,百哀是切。黯黯高云,萧萧冬月。白雪掩晨,长风悲节。感惟崩号,兴言泣血。

> 寻念平昔，触事未远，书疏犹存，遗孤满眼。如何一往，终天不返！寂寂高堂，何时复践？藐藐孤女，曷依曷恃？茕茕游魂，谁主谁祀？奈何程妹，于此永已！死如有知，相见蒿里。呜呼哀哉！

程氏妹，为陶渊明庶母所生，小陶渊明三岁，因嫁给武昌程家，故称程氏妹。陶渊明九岁的时候，庶母去世，此后他对妹妹呵护备至，二人感情甚是深厚。

这是个温和娴静、少言寡语的女子，既能与人为善，又能孝顺长辈。许多年前，陶渊明读书抚琴，她总喜欢守在旁边。在他闲暇时，她也喜欢与他玩闹。后来，她嫁去远方，陶渊明怅然若失。只是他没想到，自幼孤苦的妹妹，会早早地离开尘世，从此天人永隔。

这篇祭文赞扬了程氏妹的言行品德，并通过回忆往日兄妹的友情而寄托深切的哀思。文章分七层：首叙祭时、被祭者和祭者；次叙程氏妹死后悲凉景象；三叙兄妹情深；四叙程氏妹之德范；五叙兄妹再失慈亲；六叙妹死后遗物、遗事、遗孤；末尾致哀痛。

在"黯黯高云，萧萧冬月，白雪掩晨，长风悲节"的景物衬托下，陶渊明以"兴言泣血"表达了自己的深哀剧痛。而"如何一往，终天不返！寂寂高堂，何时复践？"则以疑问语气突出了二人昔日相互依恋、今日一去不复返的叹惋和痛惜。结尾处诗人对程氏妹"茕茕游魂，谁主谁祀"游魂孤独无依的想象更加显得凄恻动人，这是诗人对程氏妹的关爱和不舍，"死如有知，相见蒿里"的阴阳之约，表现了诗人锥心的痛楚。

可是，斯人已逝，所有的痛楚都没有诉说之处。事实上，那些年，陶渊明已经历了数次死别。相濡以沫的发妻去世了，相依为命的母亲去世了。再后来，妹妹也去世了。这些永远的离别，都让陶渊明黯然神伤。

可是没办法，人生于世，总要面对各种生离死别。相聚别离，本就如花开花谢，谁都无法避免。世事茫茫，每一次离别，都可能是永别。我们能做的，只有珍惜所有相聚的时光。如此，离别之后，还有往事可以回味。

有聚有散，有悲有喜，才叫生活。

最重要的是，悲伤过后，仍有生活的热情。

活着，就是于无常中找寻从容的过程。

俯仰终宇宙，不乐复何如

书屋前，列曲槛栽花，凿方池浸月，引活水养鱼。

小窗下，焚清香读书，设净几鼓琴，卷疏帘看鹤。

这是陈继儒《小窗幽记》里的画面。生活，不该只有四方奔走，不该只有逐利追名。偶尔停下来，烹茶读书，养花种草，或者只是安坐于窗下，看云看月，体会流年似水，也是别有意味。

闲适，是一种状态，也是一种境界。

不是无所事事，而是，心中有诗，眼中有景。

必须懂得，与自己对酌，与岁月言欢。

隐居多年，陶渊明的日子是素淡而写意的。有山水，有诗酒，有春花秋月，岁月波澜不惊。之所以活得有味道，是因为他能以诗酒点缀苍白时光。对他来说，于晴朗午后，读一本书，随意盘桓书中，便能独得几分醉意。就像他诗中所写：

孟夏草木长，绕屋树扶疏。众鸟欣有托，吾亦爱吾庐。

> 既耕亦已种，时还读我书。穷巷隔深辙，颇回故人车。
> 欢言酌春酒，摘我园中蔬。微雨从东来，好风与之俱。
> 泛览周王传，流观山海图。俯仰终宇宙，不乐复何如？

这是《读山海经》第一首。炎炎夏日，树木葱郁，他就在自己的茅舍里，读着书，神游物外。他是好酒之人，亦是嗜书之人。将自己安置在书中，任随思绪驰骋，便像是游走于今古。某段时间，他沉醉于《山海经》和《穆天子传》，颇有俯仰之间，饱览宇宙奇观的感觉。

《山海经》是中国一部记述古代志怪的古籍，大体是战国中后期到汉代初中期的楚国或巴蜀人所作，是一部荒诞不经的奇书。全书原共二十二篇，三万余字。现存十八篇，其余篇章内容早佚。

该书内容主要是民间传说中的地理知识，包括山川、道里、民族、物产、药物、祭祀、巫医等。保存了包括夸父逐日、女娲补天、精卫填海、大禹治水等不少脍炙人口的远古神话传说和寓言故事。

《山海经》版本复杂，现可见最早版本为晋代郭璞《山海经传》。但《山海经》的书名《史记》便有提及，最早收录书目的是《汉书·艺文志》。至于其真正作者，前人有认为是禹、伯益、夷坚，经西汉刘向、刘歆编校，才形成传世书籍，现多认为，具体成书年代及作者已无从确证。

《穆天子传》，又名《周王传》《穆王传》《周穆王传》《周穆王游行记》，是西周的历史典籍之一。该书以日月为序，分为六卷，其中前五卷详细记载周穆王在位时率师南征北战的盛况，也记述了周穆王得赤骥、盗骊、白义、逾轮、山子、渠黄、骅骝、绿耳等八匹好马，御者造父，伯夭作向导，进行了一次西访西王母的远行，行程三万五千里，以观四荒，越过漳水，驱驰阴山、内蒙古高原、西绝流沙等地，西至于西王母之邦,和西王母宴饮酬酢的故事。最后一卷抒写了周穆王对其美人盛姬的执着情爱和刻骨相思,称《周穆王美人盛姬死事》。

西晋武帝太康二年(公元281年),在汲县的一座战国时期魏国墓葬出土一大批竹简,均为重要文化典籍,通称"竹书纪年",其中有《穆天子传》《周穆王美人盛姬死事》,后合并为《穆天子传》,由荀勖校订全书六卷,历代内容多有散佚。

尽管《山海经》和《穆天子传》的故事荒诞离奇,但那些日子,陶渊明曾沉醉其中,并因此诗兴大发,写了《读山海经十三首》。首篇为序诗,后十二首从这两本书中撷取题材而写成。

玉台凌霞秀,王母怡妙颜。天地共俱生,不知几何年。
灵化无穷已,馆宇非一山。高酣发新谣,宁效俗中言!

迢迢槐江岭,是为玄圃丘。西南望昆墟,光气难与俦。
亭亭明玕照,落落清瑶流。恨不及周穆,托乘一来游。

翩翩三青鸟,毛色奇可怜。朝为王母使,暮归三危山。
我欲因此鸟,具向王母言:在世无所须,惟酒与长年。

逍遥芜皋上,杳然望扶木。洪柯百万寻,森散复旸谷。
灵人侍丹池,朝朝为日浴。神景一登天,何幽不见烛。

粲粲三珠树,寄生赤水阴。亭亭凌风桂,八干共成林。
灵凤抚云舞,神鸾调玉音。虽非世上宝,爰得王母心。

> 自古皆有没，何人得灵长？不死复不老，万岁如平常。
> 赤泉给我饮，员丘足我粮。方与三辰游，寿考岂渠央！
>
> 夸父诞宏志，乃与日竞走。俱至虞渊下，似若无胜负。
> 神力既殊妙，倾河焉足有！余迹寄邓林，功竟在身后。
>
> 精卫衔微木，将以填沧海。刑天舞干戚，猛志固常在。
> 同物既无虑，化去不复悔。徒设在昔心，良辰讵可待！

组诗中，世间的传说、神话、寓言等，通过其诗人之手，或被化为睿智的火花，或被化为哀婉的叹息，或被化为惊天的怒吼，或被化为由衷的敬佩，或被化为刹那的顿悟，或被化为玄妙的虚幻，或被化为警世的宣言，可看作者壮年时期思想状态的全面映照。

这些诗笔调轻快，风格华美，可见当时的陶渊明是怡然自得的。或许是这样：饮几杯酒，微风习习，任自己游走于真实与虚幻之间，没有聚散纠葛，只有满心欢悦。读着书遨游天外，写着诗忘却红尘，时光零落，不知不觉。

周国平说："世上有味之事，包括诗、酒、哲学、爱情，往往无用，吟无用之诗，醉无用之酒，读无用之书，钟无用之情，终于成一无用之人，却因此活得有滋有味。"活在人间，固然要为塑造生命厚度而拼争，却也不能没有闲情。可以说，有情趣，有滋味，才是真正的活着。

有时候，陶渊明也会冥想深思，感慨世事无常。轩窗之下，独自斟酌，前尘往事，蓦然间涌上心头。于是，有了感慨，有了落寞，有了惆怅。

虽然他有颗安恬淡泊之心，但他的人生，毕竟是壮志难酬，所以只好在林泉之间寻找归属。忆起从前，想着世道艰险，人生如梦，感慨在所难免。他的《杂诗十二首》，大都为此而作。

> 人生无根蒂，飘如陌上尘。分散逐风转，此已非常身。
> 落地为兄弟，何必骨肉亲！得欢当作乐，斗酒聚比邻。
> 盛年不重来，一日难再晨。及时当勉励，岁月不待人。

人生于世，本如飘萍尘埃。

从此处到彼处，从少年到白头。

仿佛刹那，年华已老。而岁月，仍如流水，逝去无声。这样的人生，不能错过酒朋诗侣，不能错过对酒当歌。说到底，苍茫尘世，我们都不过是匆忙路过。遇见风景，遇见知己，然后逐渐失去，只剩孤零零的自己，走向寂静的归途。最好的人生，大概就是，于走走停停、聚散得失之间，学会淡然，学会忘却，学会从容，最后走得不惊不惧。

> 荣华难久居，盛衰不可量。昔为三春蕖，今作秋莲房。
> 严霜结野草，枯悴未遽央。日月还复周，我去不再阳。
> 眷眷往昔时，忆此断人肠。

> 忆我少壮时，无乐自欣豫。猛志逸四海，骞翮思远翥。
> 荏苒岁月颓，此心稍已去。值欢无复娱，每每多忧虑。
> 气力渐衰损，转觉日不如。壑舟无须臾，引我不得住。
> 前涂当几许，未知止泊处。古人惜寸阴，念此使人惧。

世事无常，人生苦短。

花开月圆，不过是刹那的完满。

人生，终究是一场寂寞的残梦。晨暮之间，春秋之间，有我们寻寻觅觅的身影。但是最终，我们都会怅然而去，两手空空。暮色沉沉的时候，谁都会忆起从前。终于发现，曾经以为漫长的人生，不过是斯须之间的花开花落。打捞岁月，沉湎往事，也只能落得满心怅惘。

年轻时，裘马轻狂，意气风发，仿佛刹那，画面已没了色彩，只剩一抹暮色。往事如风，可以回味，无法久居。我们总要从其中走出来，面对日薄西山的自己。

感叹之后，陶渊明仍是那个悠然惬意的模样。

读书饮酒，抚琴对月。日子如流水，在他的诗里摇曳。

《小窗幽记》中写道："带雨有时种竹，关门无事锄花；拈笔闲删旧句，汲泉几试新茶。余尝净一室，置一几，陈几种快意书，放一本旧法帖；古鼎焚香，素麈挥尘，意思小倦，暂休竹榻。饷时而起，则啜苦茗，信手写汉书几行，随意观古画数幅。心目间，觉洒洒灵空，面上俗尘，当亦扑去三寸。但看花开落，不言人是非。"陶渊明喜欢的，正是这样的生活。

应该是这样，你若丰盈，日子也便翩然。

生活的色调，取决于你的姿态。

何处桃花源

东篱采菊，南山种豆。

岁月，在他的诗里淡净无尘。

隐居山野，虽然日子简朴清贫，但陶渊明乐在其中。可以坐卧云水之间，可以把酒东篱之下，可以赋诗林泉之前，对他来说，这就是极美的生活。原本，他对生活并无奢求，但求简单纯朴，几分恬淡，几分悠然。所以，隐于田园，诗酒度日，他很是满足。

不过，对于身处的时代和社会，他显然是失望的。军阀混战，百姓流离，世风浇漓，人心不古，无疑那是个令人悲伤的时代。几十年的人间岁月，陶渊明眼中的世界，多的是苦恨与纷扰，少的是恬静与安宁。诗人那颗慈悲之心，因此而疼痛，却又无可奈何。他只是个文人，可以临摹世事今古，却无法以素笔擎起岁月的荒凉。

文明越是进步，淳朴就越是难寻。纷争与倾轧，欲望与机巧，诡诈与虚伪，组成一个浑浊不堪的世界。自然，这样的世界里，总有人如鱼得水。至于那些天性淳朴，了无机心的人，难免落得凄凉。

就像陶渊明，他的理想大概就是，在一个安详恬静的世界里散淡而活，不见争斗，不见凄苦，不见俗妄。然而，很遗憾，他所处的晋宋交替时代，战争与离乱从未停歇。他能做的只是远离尘嚣，于山水田园，独得一隅安宁。

若可以选择，陶渊明大概愿意活在世事安详、民风淳朴的上古时代。他是个认真和淳朴的诗人，或许只有生活在那样的时代，才能寻得真正的幸福。他的不少田园诗，呈现的既是真实的田园生活，也可以说是幻想中上古时代的画面。

比如，他在《归园田居》其一中写道："方宅十余亩，草屋八九间。榆柳荫后檐，桃李罗堂前。暧暧远人村，依依墟里烟。狗吠深巷中，鸡鸣桑树颠。"他在《癸卯岁始春怀古田舍》中写道："平畴交远风，良苗亦怀新。虽未量岁功,既事多所欣。耕种有时息,行者无问津。日入相与归,壶浆劳近邻。"或许,他曾无数次穿梭于幻想与现实之间,无数次怅然若失。

他在《劝农》诗中写道:"悠悠上古,厥初生民。傲然自足,抱朴含真。"可以说,抱朴含真,傲然自足,就是他的生活和生存理想。然而,在他生活的时代,这样的理想注定无处落脚。所以,他只能将理想安放在文字中。他有一篇《扇上画赞》:

三五道邈,淳风日尽。九流参差,互相推陨。
形逐物迁,心无常准。是以达人,有时而隐。
四体不勤,五谷不分;超超丈人,日夕在耘。
辽辽沮溺,耦耕自欣;入鸟不骇,杂兽斯群。
至矣於陵,养气浩然;蔑彼结驷,甘此灌园。
张生一仕,曾以事还;顾我不能,高谢人间。
岩岩丙公,望崖辄归;匪骄匪吝,前路威夷。
郑叟不合,垂钓川湄;交酌林下,清言究微。
孟尝游学,天网时疏;眷言哲友,振褐偕徂。
美哉周子,称疾闲居;寄心清尚、悠然自娱。
翳翳衡门,洋洋泌流。日琴日书,顾盼有俦。
饮河既足,自外皆休。缅怀千载,托契孤游。

扇上画赞,是陶渊明为扇面上人物画像所题写的赞辞。这些人物都是古代的隐士,陶渊明借此抒发对古代隐士生活的羡慕与景仰,并表现自己的隐居之志。这篇赞文除前后各八句是全文的开头与结束外,中间部分每四句赞美一人，共八人。

他说，自从三皇五帝的治道变得越来越邈远，世间淳朴之风便渐渐消失无踪，代之以争斗攻伐、机巧诡诈。于是，在世风日下的时候，无数高士只能选择隐逸，躬耕田野，安贫乐道。这篇画赞，既表达了对古代隐士的敬慕，也表达了陶渊明的生活理想。而这生活理想，就是他《桃花源记》所写：

晋太元中，武陵人捕鱼为业。缘溪行，忘路之远近。忽逢桃花林，夹岸数百步，中无杂树，芳草鲜美，落英缤纷，渔人甚异之。复前行，欲穷其林。

林尽水源，便得一山，山有小口，仿佛若有光。便舍船，从口入。初极狭，才通人。复行数十步，豁然开朗。土地平旷，屋舍俨然，有良田美池桑竹之属。阡陌交通，鸡犬相闻。其中往来种作，男女衣着，悉如外人。黄发垂髫，并怡然自乐。

见渔人，乃大惊，问所从来。具答之。便要还家，设酒杀鸡作食。村中闻有此人，咸来问讯。自云先世避秦时乱，率妻子邑人来此绝境，不复出焉，遂与外人间隔。问今是何世，乃不知有汉，无论魏晋。此人一一为具言所闻，皆叹惋。余人各复延至其家，皆出酒食。停数日，辞去。此中人语云："不足为外人道也。"

既出，得其船，便扶向路，处处志之。及郡下，诣太守，说如此。太守即遣人随其往，寻向所志，遂迷，不复得路。

南阳刘子骥，高尚士也，闻之，欣然规往。未果，寻病终，后遂无问津者。

炊烟茅舍，鸡犬相闻，黄发垂髫，怡然自乐。

无需华服广厦，无需香车宝马。只是，远离喧嚷，素朴而生。

这大概就是陶渊明理想中的生活。对于澄澈淡泊的诗人来说，这样的生活方式与他的志趣最是相宜。但是对于欲念丛生的人来说，那样的生存方式只如一潭死水，了无趣味。陶渊明之所以是陶渊明，就是因为他活得纯粹。

这篇散文，以"芳草鲜美，落英缤纷"的桃花林作为铺垫，引出一个质朴纯净的世界。那里没有赋税，没有战乱，没有钩心斗角，没有沽名钓誉，有的只是祥和与安乐。生活于晋末，看惯了战事频仍，黎民朝不保夕，而桃花源里没有私欲，没有凌驾于人民之上为私利互相攻伐的统治集团，桃花源无疑是陶渊明心向往之的地方。

渔人偶然间进入了桃花源，体会了几日远离车马喧嚣、远离纷扰争斗的生活。但是后来，再有人去那里，桃花源已遍寻不见。或许，文中的渔人，就是每个人于某些个刹那，抛却俗念时所遇见的那个自己。那个刹那，有山明水净，有时光静好。但是，亿万人组成的社会，注定驳杂纷乱，注定难有安详。

桃花源是陶渊明幻想中寄身其中的所在。只有在那里，他的性情与志趣不会受到损害，他可以因此而活得快活和满足。除了《桃花源记》，陶渊明还写有《桃花源诗》：

嬴氏乱天纪，贤者避其世。黄绮之商山，伊人亦云逝。
往迹浸复湮，来径遂芜废。相命肆农耕，日入从所憩。
桑竹垂余荫，菽稷随时艺；春蚕收长丝，秋熟靡王税。
荒路暧交通，鸡犬互鸣吠。俎豆犹古法，衣裳无新制。

童孺纵行歌，斑白欢游诣。草荣识节和，木衰知风厉。
虽无纪历志，四时自成岁。怡然有余乐，于何劳智慧？
奇踪隐五百，一朝敞神界。淳薄既异源，旋复还幽蔽。
借问游方士，焉测尘嚣外。愿言蹑清风，高举寻吾契。

相比而言，《桃花源记》侧重于渔人进入桃花源的经过及见闻，《桃花源诗》则侧重于桃花源人民生活的安宁祥和。桃花源里，一切都顺应自然，无论男女老幼，皆是怡然自得。因为是随着季节变化而劳作和休息，所以连历法都用不着。活在自然之中，不受外物所累，悠然惬意，正是陶渊明的理想。

现实的世界充斥着欲望与机巧，与民风淳朴的桃花源格格不入，所以只有渔人偶然间得见桃源生活，此后桃花源便踪迹难寻了。试想，若桃花源果真被刘子骥等人找到了，那么它就不能独立存在，而势必被世俗风气充满，也就不再是安谧恬静的桃花源了。东晋末期，战乱频繁，徭役繁重，人民逃亡。诗人把桃花源的生活写得那样安宁和谐，正是对黑暗现实的一种否定。

应该说，桃花源是陶渊明在想象中为天下苍生营造的安居乐业之处。济世之心从未泯灭，所以他总是希望，战乱平息，天下太平，黎民能够免受流离之苦。

可惜，幻想就是幻想。真实的世界，满眼荒烟蔓草。

世道昏暗，人心不古。他只能独自沉默。

卷六：田园岁月无声

篱畔有花，月下有酒。

平淡的日子，也可以轻描淡写。

人生在世，需要一点高于柴米油盐的品相。

移居南村

明暗交替，悲喜交织，这就是生活。

不经意间，花开陌上；不经意间，雨雪飘零。

所有的变幻，都在悄然之间。就仿佛，时光总是先于我们，在我们必经之处，画下明山净水，画下古道西风。而我们，必须在莫名而来的变幻里，学会淡定，学会坦然，在看清生活的真相以后，依旧热爱生活。

隐居乡野，远离繁华，陶渊明的日子素净而悠然。劳作之余，可以把玩文字，可以对酌岁月，虽然简朴清贫，但他喜欢这闲适的滋味。然而，一场突如其来的大火，打破了生活的宁静。

义熙四年（公元408年）六月，陶渊明家中遭逢大火，宅院尽毁。

许是傍晚，陶渊明在屋檐下歇息，感受着一日辛苦后的清闲，妻子在不远处坐着，孩子们在肆意玩闹，突然间茅舍起火，借晚风之力，很快便成蔓延之势。陶渊明的安居之所，不久之后就成了一片废墟。关于这场大火，陶渊明写有《戊申岁六月中遇火》：

草庐寄穷巷，甘以辞华轩。正夏长风急，林室顿烧燔。
一宅无遗宇，舫舟荫门前。迢迢新秋夕，亭亭月将圆。
果菜始复生，惊鸟尚未还。中宵伫遥念，一盼周九天。
总发抱孤介，奄出四十年。形迹凭化往，灵府长独闲。
贞刚自有质，玉石乃非坚。仰想东户时，余粮宿中田。
鼓腹无所思，朝起暮归眠。既已不遇兹，且遂灌我园。

再平静的生活，也能在刹那间凌乱。

反过来，再不堪的生活，也终有风平浪静之时。

对陶渊明一家本就不易的生活来说，这场大火无疑是雪上加霜。无论是妻子和孩子们，还是陶渊明自己，都无比沮丧。荒凉有之，苦难有之，悲伤有之，才是真正的生活。生活里头，从来没有永远的斜风细雨。所有的凄风苦雨，所有的山穷水尽，我们都只能无奈接受，然后抬起头继续生活。

风雨长夜，一盏孤灯也能点亮生活。

我们，终将在这孤灯的映照下，走向更远的夜雨江湖。

活在人间，除了勇敢与淡然，我们别无选择。

陶渊明，辞官归故里，远离繁华喧嚷，隔绝功名之念，皆是依心性而行。日子虽不似《桃花源记》所写那般安谧静好，却也是怡然自得，意趣不尽。

没想到，一场大火将悠然与快意烧成了灰烬。站在被烧毁的屋舍之前，陶渊明只有摇头叹息的份。

七月十五之前，陶渊明写了这首诗。夜月之下，他耿耿不寐，心境很不平和。他说，"果菜始复生，惊鸟尚未还"。意思是，遭火熏烤的周围园圃中的果菜又活过来了，但受惊的鸟雀还没有飞回。可见，生活仍有指望，只是想要找回从前的宁静祥和绝非易事。

不管怎样，平生耿介清高，不曾沾染尘俗杂念，这样的性情绝不会因眼下的境遇而改变。隐居是他忠于自我，忠于性情的选择，决定了就再也不愿回头。后来，朝廷征他为著作佐郎，他称病没有应征。他知道，仕途是俗念与纷扰丛生的地方。

在无比窘困的境况下，陶渊明情不自禁地想起了遥远的上古时代，他说，"仰想东户时，余粮宿中田"。"东户"指传说中的上古帝王东户季子，据说那时民风淳朴，道不拾遗，余粮储放在田中也无人偷盗。那个年代，人们安居乐业，生活无忧无虑。

然后，他将思绪拉回到了现实之中：既已不遇兹，且遂灌我园。既然那样的时代遥不可及，倒不如收拾心情，灌园耕田，继续眼下的生活。

生于尘世，就必然要与生活进行长久的对垒。

懂得生活的人，总会在凄寒与苦涩中，凛然地站立。

在蔓延的荒草中，寻找景明春和。

在遭遇大火后，从正夏到初秋，陶渊明一家暂住在园田居废墟前面河港中的一条舫舟上。夏日多雨，生活的困窘可想而知。当然，暂居船上只是个过渡的办法，或许只是为了守住从烈火中抢救出来的粮食及生活用品等。此后，陶渊明携家人回柴桑城里的老宅住了一年有余。他在《还旧居》一诗中记述了此事：

> 畴昔家上京，六载去还归。今日始复来，恻怆多所悲。
> 阡陌不移旧，邑屋或时非。履历周故居，邻老罕复遗。
> 步步寻往迹，有处特依依。流幻百年中，寒暑日相推。
> 常恐大化尽，气力不及衰。拨置且莫念，一觞聊可挥。

数年未至，物是人非。

往往，重游故地，就是这样的境遇。

故居里，有他的经年往事，有他不识愁滋味的年少时光。若干年后，再次回到这里，见到的却是一幅萧瑟景象。有些房舍已坍颓，满目荒凉。街道仍是人来人往，但是所到之处少有故人。身处这样的情境，他无法不感慨岁月易逝、人生无常。

可也没办法，生于尘世，不过就是一场寂寞的行走。

而我们自己，也在不知不觉中，从少年到苍老。一路前行，一路风景，一路遇见。终于，走出了青春年少，走出了年华正好，只剩垂老的身影，独立残阳，暗自叹息。

感慨着世事荒凉，陶渊明又举起了酒杯。

于他，生命枯荣，世事悲欢，皆可以放在酒杯里。

世事变幻，暂寻几分醉意，也是好的。

这首诗描绘了一幅萧瑟衰败的旧居景象，基调凄凉哀怨。房屋的变迁，人事的推移，直接的原因是社会的动荡，而又像是生命枯荣变幻的必然。全诗以"一觞聊可挥"做结，看似要以及时行乐来驱散心中的"恻怆"和"所悲"，其实这就是陶渊明人生智慧的表现形式：纵浪于"自然"之中，身心抵达适意之境。陶渊明喜欢自然的生存方式,有随遇而安的心境,因此面对困境,也能淡然处之。

大概是因为老宅地处城邑,避不开车马喧嚷,陶渊明决定移居南村。他在南村新建了屋舍,不久便搬了过去。南村新居比之前的园田居规模小了很多,但也是山环水绕,景色宜人。在这里,陶渊明依旧是躬耕自资,不离诗酒。直到去世,他一直居住在南村。移居南村后,他作有《移居》二首:

> 昔欲居南村,非为卜其宅。闻多素心人,乐与数晨夕。
> 怀此颇有年,今日从兹役。敝庐何必广,取足蔽床席。
> 邻曲时时来,抗言谈在昔。奇文共欣赏,疑义相与析。
>
> 春秋多佳日,登高赋新诗。过门更相呼,有酒斟酌之。
> 农务各自归,闲暇辄相思。相思则披衣,言笑无厌时。
> 此理将不胜?无为忽去兹。衣食当须纪,力耕不吾欺。

陶渊明的隐居生活,离不开悠然二字。

南村,既有淳朴乡邻,又有清逸文人,正是闲居的好地方。

其实,移居南村的想法早已有之,如今终于得偿所愿。茅庐简陋,日子清贫,他并不在意。原本,广厦万间,宿不过卧榻三尺;良田千顷,食不过一日三餐。他想要的,就是在平淡的日子里,体会意趣。

隐居南村,陶渊明有不少性情相投的朋友。共度晨夕,饮酒赋诗,有时候闲谈人生,有时候欣赏奇文,茅庐虽小,却是乐在其中。在这样的生活中,陶渊明找到了心灵的愉悦和生命的归宿。

第二首诗，以自在之笔写自得之乐，将日常生活中邻里过从的琐碎情事串成一片行云流水。农闲之时，常有与邻人过从招饮之乐。过门辄呼，无须士大夫之间拜会邀请的虚礼，毫不顾忌言谈举止的风度，语气粗朴，反见情意的率真。

天朗气清的日子，他们也会相约游赏登高，快意无限。正如《兰亭集序》所写："仰观宇宙之大，俯察品类之盛，所以游目骋怀，足以极视听之娱，信可乐也。"

登高望远，饮酒赋诗，于文人最是乐事。陶渊明也不例外。与心性相似的朋友，或把酒茅庐之内，或行吟山水之畔，都是快慰人生之事。最重要的是，与好友之间，没有俗世虚礼，没有机巧俗念，只有真诚与率真。简单纯粹，这是陶渊明最喜欢的相处方式。

聚散有时

花开花谢，潮起潮落，是这世界。

相逢离别，欢喜悲伤，是我们的人生。

这世上，没有只开不败之花，没有只起不落之潮。人生亦是如此，有相聚便有别离，有欢颜便有凄凉。可以说，离别是为相逢而存在，就像黑夜是为白天而存在。没有长夜的黯淡，便没有白天的明朗；没有离别的苦楚，便没有相聚的喜悦。

有的离别，纵然此后关山迢递，至少还有重逢的希望。

而有的离别，一旦发生，便是永远的两无消息，那叫死别。

正因为聚散有时，我们才应该对相聚的日子倍加珍惜。

搬到南村以后，生活原本渐渐恢复了平静，但一场猝不及防的离别，又给陶渊明的生活平添几分落寞。义熙七年（公元411年）八月，从弟敬远溘然早逝，陶渊明写了篇《祭从弟敬远文》，悲不自胜。

岁在辛亥，月惟中秋，旬有九日，从弟敬远，卜辰云窆，永宁后土。感平生之游处，悲一往之不返，情恻恻以摧心，泪愍愍而盈眼。乃以园果时醪，祖其将行。呜呼哀哉！

于铄吾弟，有操有概。孝发幼龄，友自天爱。少思寡欲，靡执靡介。后己先人，临财思惠。心遗得失，情不依世。其色能温，其言则厉。乐胜朋高，好是文艺。遥遥帝乡，爰感奇心，绝粒委务，考槃山阴。淙淙悬溜，暧暧荒林，晨采上药，夕闲素琴。曰仁者寿，窃独信之，如何斯言，徒能见欺！年甫过立，奄与世辞，长归蒿里，邈无还期。

惟吾与尔，匪但亲友，父则同生，母则从母。相及龆齿，并罹偏咎，斯情实深，斯爱实厚！念畴昔日，同房之欢，冬无缊褐，夏渴瓢箪，相将以道，相开以颜。岂不多乏，忽忘饥寒。余尝学仕，缠绵人事，流浪无成。惧负素志，敛策归来。尔知我意，常愿携手，置彼众议。每忆有秋，我将其刈，与汝偕行，舫舟同济。三宿水滨，乐饮川界。静月澄高，温风始逝。抚杯而言，物久人脆。奈何吾弟，先我离世！

事不可寻，思亦何及？日徂月流，寒暑代息。死生异方，存亡有域，候晨永归，指涂载陟。呱呱遗稚，未能正言；哀哀嫠人，礼仪孔闲。庭树如故，斋宇廓然，孰云敬远，何时复还？余惟人斯，昧兹近情。蓍龟有吉，制我祖行。

望旐翩翩，执笔涕盈。神其有知，昭余中诚。呜呼哀哉！

陶敬远是个光明磊落、风骨独具之人。

他喜欢琴书诗酒,也喜欢林泉山水。与人相交,总是谦卑而温和,从不计较得失。性情孤傲,从不趋附世俗。世风浇漓的时代,他选择了远离喧嚷,抛弃世俗事务,隐于山水之间,清晨采摘仙药,晚上研习素琴。活得清雅洒脱,几有不食人间烟火的模样。

尽管,陶渊明比陶敬远年长十余岁,但他们感情甚笃。他们的父亲是亲兄弟,母亲是亲姐妹,两人长期相处,情同手足。他们曾一起读书,一起畅游山水;也曾对酌篱下,醉了便抵足而眠。隐于山野,躬耕度日,过着箪食瓢饮、粗布麻衣的简朴生活,但两人相互勉励,诗酒酬唱,过得悠然自得。

对陶渊明来说,敬远既是兄弟,也是知己。陶渊明辞官回家,只有敬远理解他,与他携手同游,对世俗的议论置之不理。陶渊明记得,那年秋收之时,他去收割庄稼,敬远随他前往,一同乘舟渡水,又在河边连宿三夜,饮酒取乐。夜月之下,两人对酒倾谈,甚是畅快。岁月流逝,寒暑更替。若干年后,他们已是阴阳相隔。

忆起往事,陶渊明忍不住泪眼模糊。

一场离别,满心黯然。

没办法,世间所有离别都会在不经意间上演。刹那天涯,却要用长久的落寞来偿还。人们常说,离别是相逢的开始。但有时候,离别就是两处天涯,一场消黯,永日无言。真实的情况是,所有相见都是离别的开始。

大约在义熙八年(公元 412 年),陶渊明写了首《悲从弟敬德》:

衔哀过旧宅,悲泪应心零。借问为谁悲?怀人在九冥。

礼服名群从,恩爱若同生。门前执手时,何意尔先倾!

> 在数竟未免，为山不及成。慈母沈哀疚，二胤才数龄。
> 双位委空馆，朝夕无哭声。流尘集虚坐，宿草旅前庭。
> 阶除旷游迹，园林独余情。翳然乘化去，终天不复形。
> 迟迟将回步，恻恻悲襟盈。

敬德是陶渊明的另一个堂弟。

陶渊明与敬德的感情，不似他与敬远的感情那般笃厚，但是敬德离世后，陶渊明凭吊其旧宅，眼见物是人非，宅院荒草丛生，敬德与妻子的灵位落满灰尘，还是忍不住泪湿青衫。陶渊明虽然淡泊，但也是重情之人，所有的生离死别都会让他悲从中来，却也只能将悲伤寄存于诗文。他知道，有聚有散，才叫人生。

人生如戏。有了离合悲欢，才有了故事里的起承转合。

相聚的时光有多温暖，离别的岁月就有多凄凉。

我们就在这冷暖交替中，慢慢苍老，慢慢走向归途。

不管经历怎样的悲欢离合，我们总要继续生活，不能永远沉湎于悲伤。要知道，拭干泪水，才能看见晴空万里；掩上悲伤，才能觅得岁月温柔。生活之中，荒凉有之，凄苦有之，落花有之，风雨有之，但别忘了，只要仰首向前，总有柳暗花明的时候。

走出悲伤，陶渊明仍是那个悠然自得的诗人。

他在南村散淡度日。琴书诗酒，关河岁月，各得其所。

他的心境，正如《和郭主簿二首》所写：

> 蔼蔼堂前林，中夏贮清阴。凯风因时来，回飙开我襟。
> 息交游闲业，卧起弄书琴。园蔬有余滋，旧谷犹储今。

营己良有极，过足非所钦。春秫作美酒，酒熟吾自斟。
弱子戏我侧，学语未成音。此事真复乐，聊以忘华簪。
遥遥望白云，怀古一何深。

和泽周三春，清凉素秋节。露凝无游氛，天高风景澈。
陵岑耸逸峰，遥瞻皆奇绝。芳菊开林耀，青松冠岩列。
怀此贞秀姿，卓为霜下杰。衔觞念幽人，千载抚尔诀。
检素不获展，厌厌竟良月。

心无杂念，岁月便无尘埃。

对于恬淡的陶渊明来说，无论春秋冬夏，皆可化而为诗。

第一首诗，写仲夏时节的闲适生活，颇见其安贫乐道之心境。全诗平淡冲和，浑然天成，具有浓郁的生活气息。他就是这样，一支笔描摹岁月，于轻描淡写之间，将恬静唯美的画面呈现出来，让人心驰神往。

堂前夏木荫荫，南风清凉习习，这是乡村景物之乐；既无公衙之役，又无车马之喧，杜门谢客，读书弹琴，起卧自由，这是精神生活之乐；园地蔬菜有余，往年存粮犹储，维持生活之需其实有限，够吃即可，过分的富足并非诗人所钦羡，这是物质满足之乐；有粘稻舂捣酿酒，诗人尽可自斟自酌，比起官场玉液琼浆的虚伪应酬，更见淳朴实惠，这是嗜好满足之乐；与妻室儿女团聚，尤其有小儿子不时偎倚嬉戏身边，那牙牙学语的神态，真是天真可爱，这是天伦之乐。对于知足的陶渊明来说，生活如此，已是无比丰盛，他别无他求。

显然，与乌烟瘴气、心境难宁的官场相比，田园生活太过自在。陶渊明需要的，不是锦衣玉食，不是广厦华服，而是来去飘然，恬淡自乐。

乡野田园固然清静安详，但若是心境不和，也难有长久之乐。恐怕，也只有陶渊明这样内心繁盛的诗人，才能安于贫寒，独得岁月清欢。春可看花，秋可对月，夏沐凉风，冬看飞雪，素淡的日子在他的笔端诗意翩跹。所以，隐居二十余年，从不觉得索然。

第二首诗，写秋色却并无悲秋之意。宋玉在《九辩》中写道："悲哉，秋之为气也！萧瑟兮草木摇落而变衰。"后来，在诗人的笔下，秋天便总是萧瑟凄凉模样。陶渊明这首诗不落窠臼，极言秋景之清凉素雅。

天高云淡，水净山明；山上青松苍翠，篱下菊花满地。

诗人就在无垠的秋色里，远眺近观，遐思迩想。

好景在前，诗酒在心，并不觉得凄寒。

世人喜欢春天，大抵因其草木繁盛，百花鲜妍。但其实，每个季节皆有其丰盈之处。秋天，虽有落木萧萧之凄凉，却也有月明天高之淡远。就像刘禹锡诗中所写："自古逢秋悲寂寥，我言秋日胜春朝。晴空一鹤排云上，便引诗情到碧霄。"

世界荒凉，每个人都必须在内心深处找寻温暖。

秋天萧瑟，主要是因为心境索寞。西风古道未必不是归途。

采菊篱下，把酒山中，自有几分闲趣。

幸福不在别处

生活之中，每个人都在寻找幸福。

其实，幸福不在别处，就在我们身边。

日光温暖，微风习习，烹一壶茶，安坐窗前，便是幸福；严冬之时，飞雪飘零，两三好友，围炉把酒，也是幸福。幸福，不遥远，不抽象，或许只是三杯两盏淡酒的温暖，或许只是泛舟春水之上的悠然。

隐居的日子，虽然清贫素朴，但陶渊明觉得满足和幸福。于他，粗茶淡饭，只要内心安宁，即是幸福。那些年，有个温柔的妻子不离不弃，有几个天真的孩子绕膝相欢，这给他隐居的生活添了不少欢愉。林和靖隐居孤山，植梅放鹤，独来独往，虽然清净无尘，却不免孤寂。相比之下，陶渊明有妻儿在侧，有诗酒在怀，日子琐碎而不乏诗意，少了些孤独，多了些安稳。

或许是这样：他在读书抚琴，妻子在料理家事，几个孩子在院里肆意玩闹，竹篱茅舍的生活真实而写意。有时候，他会教孩子们读书写字，为他们的稚拙而烦恼；有时候，他会坐在屋檐下，看孩子们玩耍，回味自己的少年时光。

陶渊明的诗中，不曾提及妻子翟氏。但就是这个女子，陪他度过了几十年的光阴。人们说，陪伴是最长情的告白；人们也说，最浪漫的事，就是两个人一起变老。或许，陶渊明与翟氏之间并无诗酒相酬的快意，但他们以相携到老书写了一段浪漫。原本，所谓的浪漫不过是素净的日子里，相依相伴，从少年到白头。

翟氏是个善解人意的女子，他了解陶渊明的性格，懂得他的悲喜，明白他辞官归隐的无奈。她知道，这个孤傲耿介的诗人，难以在官场立足。她知道，只有身在田园，他才能活得自在。所以，他辞官归来，她已经为他备好了美酒佳肴。平日里，她也会为他煮酒，助他花前月下之诗性。偶尔，她也会发点牢骚，却是无伤大雅。

后世对于翟氏有不少猜测，说她不贤惠，说她心有不甘，说她与陶渊明多有龃龉，毕竟只是猜测。不管怎样，是这个女子，伴着陶渊明直到老去。他们之间,没有缠绵悱恻,有的是携手到老的温情。

或许,晴好的日子里,陶渊明也会带着妻子和孩子们同游陌上,体会简单的幸福。偶尔漫游山中,无拘无束;偶尔泛舟湖上,自由自在。对陶渊明来说,独酌于东篱下,是一种幸福;与家人相依度日,是另一种幸福。

对于几个孩子,陶渊明既希望他们健康成长,也希望他们苦读诗书,不为功名利禄,只为对人生和世界有更深的认知。他知道,读遍诗书,纵然贫寒,心中也有万千风景,总能活出几分兴味。义熙二年(公元406年),他写了《命子》一诗(以下为节选):

> 嗟余寡陋,瞻望弗及。顾惭华鬓,负影只立。
> 三千之罪,无后为急。我诚念哉,呱闻尔泣。
>
> 卜云嘉日,占亦良时。名汝曰俨,字汝求思。
> 温恭朝夕,念兹在兹。尚想孔伋,庶其企而!
>
> 厉夜生子,遽而求火。凡百有心,奚特于我!
> 既见其生,实欲其可。人亦有言,斯情无假。
>
> 日居月诸,渐免于孩。福不虚至,祸亦易来。
> 夙兴夜寐,愿尔斯才。尔之不才,亦已焉哉!

那年,陶渊明四十二岁。

这首诗通过历述陶氏先祖功德、祖辈光荣来激励儿子,表达了诗人希望儿子成长，同时也训示儿子将来要成为有作为、有抱负的人。全诗言辞恳切，感情厚重，表现出诗人对儿子的希冀之切。

他告诫儿子说，祸福不会无缘无故到来，都是由人自己生成。望儿子能早起晚睡，勤奋刻苦，努力成才。这些无不是一个慈善父亲的殷殷希望。最后，诗人宽容地对其子说，若是付出了努力而终未成才，那也是无可奈何的事情。

可惜，事与愿违，五个儿子都让他失望了。他们既没有以文学才华惊艳世界，也没有以经世之能光照朝野。事实上正好相反，他们连舞文弄墨的本领都没有，终于被沉默的岁月淹没得无声无息。

孩子的成功不但会使父辈充满教子有方的成就感，而且意味着他的生命将会以一种更高级的方式在未来得到延续。就此来说，陶渊明是伤心的。一个吟风弄月的诗人，希望儿子们成才，甚至"夙兴夜寐，愿尔斯才"，却培养出五个壮硕的文墨不通的庄稼汉，心情可想而知。

陶渊明面临的情况是这样：老大懒惰，老二的聪明没用在正地方，老三、老四到了十三岁还不能数到十位数，老五整天就惦记着摘个梨摸个枣吃。却也没办法，天赋这东西无法强求。看着几个不太争气的儿子，陶渊明只能摇摇头逃到酒里，所以他说：天运苟如此，且尽杯中物。

尽管如此，诗却写得风趣诙谐。

其中有责备，但更多的是真挚的骨肉之情。

世间之人，天赋异禀者毕竟寥寥。若是资质平庸，那么，做个平凡的人，一生平淡，无忧无惧，也是件幸福的事。陶渊明自然明白这个道理，他只是心有不甘罢了。

永初二年（421），陶渊明作了《与子俨等疏》：

告俨、俟、份、佚、佟：

天地赋命，生必有死，自古贤圣，谁独能免？子夏有言曰："死生有命，富贵在天。"四友之人，亲受音旨，发斯谈者，将非穷达不可妄求，寿夭永无外请故耶？

吾年过五十，少而穷苦，每以家弊，东西游走。性刚才拙，与物多忤。自量为己，必贻俗患，僶俛辞世，使汝等幼而饥寒。余尝感孺仲贤妻之言，败絮自拥，何惭儿子？此既一事矣。但恨邻靡二仲，室无莱妇，抱兹苦心，良独内愧。

少学琴书，偶爱闲静，开卷有得，便欣然忘食。见树木交荫，时鸟变声，亦复欢然有喜。常言：五六月中，北窗下卧，遇凉风暂至，自谓是羲皇上人。意浅识罕，谓斯言可保。日月遂往，机巧好疏，缅求在昔，眇然如何！

疾患以来，渐就衰损，亲旧不遗，每以药石见救，自恐大分将有限也。汝辈稚小家贫，每役柴水之劳，何时可免？念之在心，若何可言！然汝等虽不同生，当思四海皆兄弟之义。鲍叔、管仲，分财无猜；归生、伍举，班荆道旧。遂能以败为成，因丧立功。他人尚尔，况同父之人哉！颍川韩元长，汉末名士，身处卿佐，八十而终。兄弟同居，至于没齿。济北氾稚春，晋时操行人也，七世同财，家人无怨色。

《诗》曰："高山仰止，景行行止。"虽不能尔，至心尚之。汝其慎哉！吾复何言。

那时候，陶渊明身在病中，自恐来日无多。

他想得最多的，是几个儿子能够和睦相处，相互扶携。

这封家信，写得语重心长，满是舐犊之情。在信中，他回顾了自己五十余年的生活,抒写了自己的志趣和性情。然后,他在告诫儿子们互相友爱的同时,也希望他们能够按照他的理想和做人准则生活。不过,安贫乐道他们做得到,诗酒流连他们难以为之。

彼时的陶渊明,已是垂暮之年。

病重之时,儿子们围绕身边,他甚是欣慰。

人到暮年,有人陪伴,便是极大的幸福。

现在,距离写这封信还有若干年。陶渊明在他的田园岁月里,过得散淡而不失意趣。妻子和孩子们就在身边,给他以慰藉;诗酒与山水触手可及,给他以醉意。烟村小径,茅舍竹篱,有他悠然来去的身影。

三百多年后,杜甫暂居浣花溪畔,写了首《江村》:

清江一曲抱村流,长夏江村事事幽。
自去自来堂上燕,相亲相近水中鸥。
老妻画纸为棋局,稚子敲针作钓钩。
但有故人供禄米,微躯此外更何求。

那是在夏日,小村安谧。

梁上的燕子自由来去,水中的白鸥相伴相随。

杜甫在他的草堂里,浅酌低吟。妻子正在用纸画棋盘,小儿子则敲打着针做鱼钩。这画面让他诗意顿生,于是有了这首诗。村居的日子,清淡闲雅。

七百多年后,辛弃疾仕途屡受挫折,后来长期未得朝廷任用,在信州(江西上饶)闲居多年,写了大量田园词。在带湖居住时,他写了首《清平乐·村居》:

茅檐低小，溪上青青草。醉里吴音相媚好，白发谁家翁媪？
大儿锄豆溪东，中儿正织鸡笼。最喜小儿亡赖，溪头卧剥莲蓬。

生活简淡，时光清朗。
琐碎的日子里，有温暖，有闲适，便是幸福。
陶渊明此时的生活，即是如此。

浔阳三隐

相望山水，酬酢风月。
于寂静中独取清欢，这就是隐居。

清白的岁月上，默然落笔，画上溪山风月，画上烟雨扁舟，带着无所牵绊的自己独来独往，这份潇洒与快意，是庙堂和市井生活无法比拟的。所以，从古至今，总有人遁出人海，远离喧嚷，去到林泉之间。

隐居的人，也并非总是形单影只。也有不少人，三五成群，隐于山野，或纵酒为乐，或琴书相酬，后来便以隐居之名并称于世。

秦末汉初的东园公唐秉、甪里先生周术、绮里季吴实和夏黄公崔广四位著名学者，不愿意当官，长期隐居在商山，出山时都八十有余，眉皓发白，故被称为"商山四皓"。刘邦久闻其大名，曾请他们为官却被拒绝。他们宁愿过清贫安乐的生活，还写了一首《紫芝歌》以明志向："莫莫高山，深谷逶迤。晔晔紫芝，可以疗饥。唐虞世远，吾将何归？驷马高盖，其忧甚大。富贵之畏人兮，不如贫贱之肆志。"

三国魏正始年间嵇康、阮籍、山涛、向秀、刘伶、王戎及阮咸，常聚在当时的山阳县（今河南修武一带）竹林之下，饮酒纵歌，肆意酣畅，世谓竹林七贤。

唐开元二十五年，李白移家东鲁，与名士孔巢父、韩准、裴政、张叔明、陶沔在泰安府徂徕山下的竹溪隐居，世人皆称他们为"竹溪六逸"。他们在此纵酒酣歌，啸傲泉石，举杯邀月，诗思驰荡，后来李白《送韩准裴政孔巢父还山》诗中曾有"昨宵梦里还，云弄竹溪月"之句，便是对这段隐居生活的深情回忆。

陶渊明与刘遗民、周续之三人并称"浔阳三隐"。

南朝萧统《陶渊明传》记载："时周续之入庐山事释慧远，彭城刘遗民亦遁迹匡山，渊明又不应征命，谓之'浔阳三隐'。"唐宋之问《游称心寺》诗："释事怀三隐，清襟谒四禅。"明夏完淳《避地》诗："月下归三隐，春风动五噫。"就是指他们，因都住在庐山附近，亦称"庐山三隐"。

刘遗民，即陶渊明故友刘程之。在陶渊明归隐前后，他也选择了退身林泉。当时慧远大师居住在庐山的东林寺，修习念佛三昧，刘程之于是前往依止。慧远大师说：'官禄显赫，云何不为呢？'刘程之说："晋朝没有磐石的坚固，有情众生却有累卵的危险，我又何必去做官呢？"

当时南朝刘宋的皇帝刘裕因为刘程之不屈服于官禄，因此称他为"遗民"以赞扬他高洁的德行。不过，刘裕改朝换代建立刘宋是在公元420年，而许多史料记载刘遗民死于义熙六年（公元410年），后者可能是谬误。

后来，刘程之到西林山涧的北边，自己别立禅修的房舍，专精研究佛法深奥的义理，同时严格地持守戒律，并作念佛三昧诗。

关于刘程之的去世，据《东林传》和《出三藏记集》记载颇具佛教色彩。

据说，十五年后，在他念佛的时候，见到阿弥陀佛，以白毫相光照触其身，并垂手表示安慰和接引，刘程之说："怎样才能获得如来为我摩顶，并以衣服覆盖我身。"才说完不久阿弥陀佛就为他摩顶，并且拿袈裟披在他身上。另外又有一天，梦见进入七宝莲池，见到青色、白色的莲华，其水池湛然澄澈。有一个人头顶有圆光，胸中现出卍字，指着池水说："此是八功德水，你可以饮之。"刘程之于是饮用此水，觉得很甘美。睡醒之后，异香从毛孔之中散发出来。接着就向人说："我往生净土的因缘已经到了！"

于是请僧人诵《妙法莲华经》，将近有数百部。刘程之对着佛像焚香，一再地礼拜并祈祷说："我因为释迦牟尼佛的遗教，知道有西方极乐世界阿弥陀佛，此香应当先供养释迦如来，其次供养阿弥陀佛，再其次，供养《妙法莲华经》，我之所以能够得生净土，就是由于此经的功德。并且愿与一切的有情，能够同生西方净土。"说完即与众人告别，睡卧在床上，面向西方合掌，安然地往生。

佛家记载，亦真亦假。

可以确定的是，隐居的岁月，陶渊明与刘程之多有往来。

兴许，闲谈之时，刘程之也会与陶渊明说起佛理。

陶渊明的诗里，有两首是为酬答刘程之而作，分别为《酬刘柴桑》和《和刘柴桑》。想必，他们曾携兴同游于林山，也曾酬对倾谈于月下。没有横平竖直的俗世逻辑，只有老友之间的谈笑风生。

穷居寡人用，时忘四运周。门庭多落叶，慨然知已秋。
新葵郁北牖，嘉穟养南畴。今我不为乐，知有来岁不？
命室携童弱，良日登远游。

山泽久见招，胡事乃踌躇？直为亲旧故，未忍言索居。
良辰入奇怀，挈杖还西庐。荒涂无归人，时时见废墟。
茅茨已就治，新畴复应畲。谷风转凄薄，春醪解饥劬。
弱女虽非男，慰情良胜无。栖栖世中事，岁月共相疏。
耕织称其用，过此奚所须。去去百年外，身名同翳如。

人生百年，不过荒凉一梦。

欢愉也好，荒凉也好，煊赫也好，寂寞也好，终会于刹那间画上句号。

世间万物，原本不过是镜花水月。能打捞的，只有手边的岁月。

周续之，字道祖，生于东晋孝武帝太元二年（公元377年），卒于南朝宋少帝景平元年（公元423年），雁门广武（今山西代县）人。他是一位神情专一的学者，兼通儒释道三学，而以老庄为主。在玄学兴盛的时代，他不趋时尚，唯求知识的博深与个人精神的悠游自在，无挂无碍。

在周续之看来，要在晋末那样腐朽的社会中保持名节高志，就不能去应征求做官，更不能娶妻生子，徒增累赘，因此他过着布衣蔬食的独身生活。他常常诵读嵇康的《高士传》，十分欣赏书中那些高士的风度，甚至情不自禁地为之做注。他同高僧慧远有同乡之谊，处事为人也有慧远之风。他去庐山敬事慧远，史载他是慧远门下五贤之一。

周续之隐于山野，曾多次拒绝征辟。豫州刺史抚军将军刘毅镇守姑孰时，请周续之去当抚军参军，晋帝又征聘他做太学博士，他都没有接受。但是江州刺史刘柳每次请他同游山水，他都欣然从命。

刘裕曾征辟周续之为太尉掾，周续之婉言谢绝。刘裕知道他心高气傲不肯为官，称他"真高士也"，赐给他丰厚的礼物。但是周续之在高官厚礼的隆遇下，一如既往，在山中过着平静的平民生活。

陶渊明欣赏的，就是这样不慕名利、只爱云水的真正名士。陶渊明与周续之的交往，具体时间难以考证。只知道，他们因性情相投而交往，多有诗酒往来。陶渊明诗中，与周续之有关的，仅有一首《示周续之祖企谢景夷三郎》：

负疴颓檐下，终日无一欣。药石有时闲，念我意中人。
相去不寻常，道路邈何因？周生述孔业，祖谢响然臻。
道丧向千载，今朝复斯闻。马队非讲肆，校书亦已勤。
老夫有所爱，思与尔为邻。愿言诲诸子，从我颍水滨。

除了周续之，诗题中所言的祖企、谢景夷亦是陶渊明好友。

义熙十二年（公元416年），周续之等三人曾应江州刺史檀韶之请，在江州城北讲《礼》。萧统《陶渊明传》载："刺史檀韶苦请续之出州，与学士祖企、谢景夷三人，共在城北讲《礼》，加以雠校。所住公廨，近于马队。是故渊明示其诗云：'周生述孔业，祖谢响然臻。马队非讲肆，校书亦已勤。'"

隐于山野，百无聊赖之时，陶渊明时常想起故友。在这首诗里，他先说自己养病在破败茅舍，少有乐事；然后对周续之等人说，与其忙碌于俗事，不如摒弃名缰利索，寄身田园，与他做邻居。后来，周续之果然来了，与陶渊明把酒言欢，甚是畅快。然后，尽兴而去，来去无尘。

刘程之和周续之都是陶渊明的茅庐常客。尽管刘程之与周续之加入了东林的莲社，位列十八高贤，陶渊明因理念不同婉拒慧远的一再邀请，但三人的关系始终密切。陶渊明的竹篱之下，常有两个人来去的身影。

秋高气爽的日子，三人也曾开怀对酌。

有时候，陶渊明饮醉，便道："我醉欲眠卿可去。"三百多年后，同样的情境下，李白曾作诗《山中与幽人对酌》："两人对酌山花开，一杯一杯复一杯。我醉欲眠卿且去，明朝有意抱琴来。"

我醉欲眠卿可去。说得随意，毫无尘俗念头。

既是知交，便知他的性情。每每此时，刘周二人总会欣然而去。

人与人之间，抛开俗事与俗心，才能简单相处，潇洒快意。

陶渊明的柴扉，始终为朋友们开着。

倾盖如故，白首如新

诗里乾坤，杯中日月。

得三分安闲，抵得上半生尘梦。

时光如水，流去无声，可以用来奔走四方，也可以用来浅斟低唱。世事悲欢，浮生起落，皆可以放在诗酒中，换得几许翩然。有诗有酒的日子，可以是一个人的地老天荒，也可以是三五知己的纵横吟唱。

唐天宝三年（公元744年）四月，在洛阳城里，李白与杜甫不期而遇，一见如故。于是，后来的许多日子，他们同游陌上，把酒长歌，无比快意，无比风雅。

文人的生活中，必然有诗酒风月，也少不得几个至交好友，偶尔相邀对酌，于把盏酬对之际，忘却流光。陶渊明喜欢清静，但也喜欢交友。他的好友，除了刘程之和周续之，还有殷晋安、张野、羊松龄、庞参军等人。隐居的岁月，若是没有新知故友相访，不免显得孤寂。

殷晋安，即殷景仁，陈郡长平（今河南省西华县）人，累官至侍中、尚书仆射、中书令。殷景仁原先任江州晋安郡南府长史掾，故称殷晋安。他在晋安南府时，住在浔阳，与陶渊明多有往来。义熙七年（公元411年），刘裕任太尉职，辟殷晋安为参军。殷晋安离浔阳东下时，陶渊明作诗《与殷晋安别》相赠：

> 游好非少长，一遇尽殷勤。信宿酬清话，益复知为亲。
> 去岁家南里，薄作少时邻。负杖肆游从，淹留忘宵晨。
> 语默自殊势，亦知当乖分。未谓事已及，兴言在兹春。
> 飘飘西来风，悠悠东去云。山川千里外，言笑难为因。
> 良才不隐世，江湖多贱贫。脱有经过便，念来存故人。

他们，曾把盏篱下，也曾持杖同游。

但是最终，离别还是如期上演。恬淡的陶渊明，也不免伤感。

这世上，所有的相逢相聚，都将以离别结束，或是短别，或是长离。一别，即是关山迢递，即是万水千山。尤其是在古代，交通不便，人隔千里，便是各自天涯，重逢遥遥无期。

毕竟是洒脱之人，虽有伤感，却也没有沉湎。临别之际，只是淡淡地劝慰，道一声珍重。终究，天下之筵席，都有散场之时。何况，真正的朋友，纵是人隔千里，只要能彼此牵挂，也便不负朋友二字。

殷晋安移家东下，犹如天上行云，随着飘飘的西来风而悠悠东去，渐去渐远，渐远渐渺，终于消失在陶渊明的视线之外。一场离别，最后只剩陶渊明踽踽独回的身影。诗的最后，他告诉殷晋安，此后相隔千里，别忘了我这个老朋友，得空来此一聚。

王勃说,海内存知己,天涯若比邻。

我们遇见的许多人,即使相交深笃,到最后也只剩怀念。

聚散离合,大抵如此。

据《莲社高贤传》记载:"张野,字莱民,居浔阳柴桑,与渊明有婚姻契。野学兼华、梵,尤善属文。性孝友,田宅悉推与弟,一味之甘,与九族共。州举秀才、南中郎、府功曹、州治中,征拜散骑常侍,俱不就。入庐山依远公,与刘、雷同尚净业。及远公卒,谢灵运为铭,野为序,首称门人,世服其义。义熙十四年,与家人别,入室端坐而逝,春秋六十九。"

陶渊明与张野,有陌上同游之欢,也有诗酒酬唱之快。

大约在义熙十三年(公元417年)末,陶渊明有诗《岁暮和张常侍》:

市朝凄旧人,骤骥感悲泉。明旦非今日,岁暮余何言!
素颜敛光润,白发一已繁。阔哉秦穆谈,旅力岂未愆!
向夕长风起,寒云没西山。洌洌气遂严,纷纷飞鸟还。
民生鲜长在,矧伊愁苦缠。屡阙清酤至,无以乐当年。
穷通靡攸虑,憔悴由化迁。抚己有深怀,履运增慨然。

陶渊明的晚年,是贫病交加的。

嗜酒的他,时常处在无酒可饮的境地。

所以,在这首诗里,他说"民生鲜常在,矧伊愁苦缠",又说"屡阙清酤至,无以乐当年"。既感叹人生苦短,晚年生活困顿,又怀念当年把酒花间的欢愉。那时候,只有少数几个好友偶尔来到他的居处,给他些许资助和慰藉。

不过，不管处境如何，陶渊明始终保持着淡然的心境。这首诗，前面言及年老体衰、岁暮严寒、无酒可饮等境况，结尾却说"穷通靡攸虑，憔悴由化迁。抚己有深怀，履运增慨然。"意思是，穷困与通达，没什么好顾虑的，不如顺其自然。认真和达观，就是陶渊明的人生态度。

人生际遇，有如灯影，摇曳不止。

起落悲欢之间，我们都要学着淡然处之，随遇而安。

陶渊明有首诗题为《赠羊长史》，其中的羊长史即羊松龄，其人历史记载很少，与陶渊明有诗酒之谊。宋代吴仁杰《陶靖节先生年谱》载："长史名松龄，《晋史》本传谓与先生周旋者。是岁刘裕平关中，松龄以左军长史，衔使秦川。"

义熙十三年（公元417年），刘裕北伐后秦，破长安，驻军关中，羊松龄受江州刺史檀韶所遣前往关中祝贺。陶渊明写此诗相赠，时年五十三岁。

愚生三季后，慨然念黄虞。得知千载上，正赖古人书。
圣贤留余迹，事事在中都。岂忘游心目？关河不可逾。
九域甫已一，逝将理舟舆。闻君当先迈，负疴不获俱。
路若经商山，为我少踌躇。多谢绮与甪，精爽今何如？
紫芝谁复采？深谷久应芜。驷马无贳患，贫贱有交娱。
清谣结心曲，人乖运见疏。拥怀累代下，言尽意不舒。

这首诗是陶渊明赠答诗中的名篇。

虽是赠别之作，却没有惜别感伤之意，而是思古伤今，流露着诗人对时局的观感和政治态度。刘裕在消灭桓玄、卢循等异己势力之后，大权独揽,地位尊崇,君临天下的意图日渐明显。

义熙十二年(公元416年),刘裕率师北伐,消灭了羌族建立的后秦国,收复了古都长安、洛阳。自永嘉之乱以来,南北分裂,晋师不出,已逾百年。此次北伐胜利,本是一件好事,然而刘裕北伐的目的,主要是提高自己的声望,所以才获胜利,便匆匆南归,去张罗篡位之事了。几年以后,他便成了刘宋王朝的开国之君。

对于刘裕篡位的意图,陶渊明看得清楚。因此,对于羊松龄此番入关称贺,他表现得很是冷漠,并且在诗中委婉地告诫好友,莫要趋炎附势,为名利而失了高洁。

淳朴的上古时代,陶渊明始终心向往之。然而,他身处的晋末,却是世风日下,只剩尔虞我诈与争名夺利。从桓玄到刘裕,无不是为了煊赫于世而苦心孤诣。

他在诗中对羊松龄说:若经过商山,务必稍作停留,向商山四皓的英灵致意。言下之意,值此世风浇漓、权欲之念横行的乱世,理应追慕前贤,切勿误入奔竞趋附者的行列。他说"驷马无贳患,贫贱有交娱",就是说,高车驷马,常会遭罹祸患;贫贱相处,却可互享心神上的欢娱。是讽示,也是忠告。

想必,羊松龄也是风雅之人。

所以,陶渊明希望他远离尘嚣名利,坐卧云水,做个闲人。

庞参军也是陶渊明好友,曾在南村与陶渊明比邻而居。陶渊明在《答庞参军》序言中写道:"自尔邻曲,冬春再交,款然良对,忽成旧游。俗谚云:'数面成亲旧。'况情过此者乎?"

可见,他们是一见如故的朋友。相识未久,便如故友。

他们之间,有临风把酒,有秉烛倾谈。

庞参军奉命出使江陵，以诗相赠，陶渊明亦回赠，即《答庞参军》：

相知何必旧，倾盖定前言。有客赏我趣，每每顾林园。
谈谐无俗调，所说圣人篇。或有数斗酒，闲饮自欢然。
我实幽居士，无复东西缘；物新人惟旧，弱毫多所宣。
情通万里外，形迹滞江山；君其爱体素，来会在何年！

有人倾盖如故，有人白首如新。

人与人相交，不问富贵贫贱，只求意气相投。

有的人，初见已是知己。有的人，日日相见，也终是陌路。

陶渊明与庞参军皆是好古清雅之人，许多日子，他们对酌篱下，纵论千古世事，没有半点尘俗痕迹。离别的时候，陶渊明带着感伤与怅惘，叮咛好友保重身体，别忘了常通音信。他知道，关山难越，世事无常，重逢不知是何年何月。

不管怎样，那些共酌同游的往事，都值得铭记。

兴许，陶渊明与他的好友们，也曾围炉煮酒，也曾踏雪寻梅。

只是，一别之后，两处天涯。不免落寞。

白衣送酒

山水之间，安置自己。

诗酒之中，放任性情。

岁月，就在他手边流走如诗。耕作于田野，春华秋实；把酒于花前，醉意翩跹；采菊于东篱，惬意悠然；赋诗于云下，清淡无尘。陶渊明就是这样，将平淡的日子，过出了平平仄仄的模样。

这世上，许多人向往琴棋书画诗酒花的生活。

然而，过着过着，只剩柴米油盐酱醋茶的琐碎日子。

心里若无诗意，生活就注定苍白。

对陶渊明来说，独处的时候，酬酢清风明月，自有闲趣；倘若好友来访，便于篱下对酌闲谈，尽情尽兴。不过，能与他把酒酬唱的，大都是淡泊清雅之人。隐居之后，为了远离官场是非纠葛，保持隐居生活的纯粹，陶渊明很少结识官场之人，许多州郡官员慕名相邀，都被他婉言谢绝了。结果，回绝得多了，他的高逸之名反而越来越盛。与许多被拒绝的官员相比，王弘算是幸运的。

王弘，字休元，琅玡临沂（今山东临沂）人。南朝宋大臣、书法家，东晋丞相王导曾孙，中领军王洽之孙，司徒王珣长子。其人年少好学，以清悟知名，会稽王司马道子辟为主簿，迁江州刺史，省赋简役，百姓安康。刘裕即位，以佐命功，封华容县公，进号卫将军、开府仪同三司。

宋文帝即位，进位司空，进号车骑大将军，扬州刺史。元嘉九年（公元432年）进位太保，领中书监，同年卒于官，赠太保、中书监，谥号文昭，配食武帝庙庭。

王弘是个风雅之人，喜欢结交天下名士。义熙十四年（公元418年），他任江州刺史。不久之后，他便得知陶渊明隐于山野，性情高逸，诗才旷世。经过一番周折，王弘终得见并结识了陶渊明。关于两人的相识，《宋书·隐逸传》记载：

江州刺史王弘欲识之，不能致也。潜尝往庐山，弘命潜故人庞通之赍酒具，于半道栗里之间要之。潜有脚疾，使一门生二儿舁篮舆；既至，欣然便共饮酌。俄顷弘至，亦无迕也。

最初，王弘因仰慕陶渊明的才华与性情，急欲与之相识。但是，陶渊明长期隐居在田野，不愿与官宦之人相交。王弘数次到陶渊明家中拜访，陶渊明皆称病将其拒之门外。陶渊明的朋友知道了此事，对陶渊明说："王弘虽是官员，却也是风雅之人，与他结交并不会有损于你的名誉。"陶渊明反驳道："我也不是那种清志慕声之人，不以与王公大臣结交为乐。"朋友无言以对，悻悻而出。

王弘对陶渊明是由衷仰慕，因此屡次碰壁后并未放弃，结交之心反而更浓。他知道陶渊明好酒，就命人在陶渊明回家的路旁设了一桌酒席，还邀请了陶渊明的好友庞通之在酒席旁等候，他自己则先躲起来。

陶渊明外出归来，正是筋疲力尽、饥肠辘辘的时候，见路边有一小亭，亭子里还备有一桌酒席，自己的好友庞通之在酒席间坐着，正在纳闷之时，庞通之开口道："听说你今日回家要路过此处，所以特地设宴，为你接风。"陶渊明说："我正值口渴脚乏之际，你来迎接我，我已经十分欢喜，又设酒宴，令人感激涕零。"

然后，两人便在亭下对酌闲谈。酒意渐浓时，庞通之请出王弘。陶渊明见其温文尔雅又谦逊有礼，便不再拒绝。于是，三人把酒，肆意笑谈，直到傍晚才尽兴而归。

其实，陶渊明不愿结交官场中人，一来是不愿清静的生活被打扰；二来是因为他知道官场之人大都庸俗势利，其中很多人结交文人也不过是附庸风雅。王弘虽身在官场，后来更是官途顺畅，但他性情旷逸，有名士风范，所以最终成了陶渊明的朋友。

对于陶渊明与王弘的相识,《晋书》记载较为详细:

> 刺史王弘以元熙中临州,甚钦迟之,后自造焉。潜称疾不见,既而语人云:"我性不狎世,因疾守闲,幸非洁志慕声,岂敢以王公纡轸为荣邪!夫谬以不贤,此刘公干所以招谤君子,其罪不细也。"弘每令人候之,密知当往庐山,乃遣其故人庞通之等赍酒,先于半道要之。潜既遇酒,便引酌野亭,欣然忘进。弘乃出与相见,遂欢宴穷日。
>
> 潜无履,弘顾左右为之造履。左右请履度,潜便于坐申脚令度焉。弘要之还州,问其所乘,答云:"素有脚疾,向乘蓝舆,亦足自反。"乃令一门生二儿共舁之至州,而言笑赏适,不觉其有羡于华轩也。弘后欲见,辄于林泽间候之。至于酒米乏绝,亦时相赠。

那日,王弘邀请陶渊明前往州府,大概是觉得性情相投,陶渊明便欣然答应了。王弘问他要坐什么交通工具,真实意图是希望陶渊明坐官府的车马前去。但陶渊明大概是为了避免非议,坚持坐自己所用之篮舆,让儿子和门生抬着去。一路之上,谈笑风生,并无华轩在侧的感觉。

根据《晋书》所说,王弘要为陶渊明做鞋,让侍从给陶渊明量脚的尺寸,陶渊明毫不客气,把脚伸出去让他们量。显然,这样的疏狂倨傲,与陶渊明温和谦逊的性情不符,他毕竟不似李太白那样狂傲不羁。因此,这件事或许是谬传。

那天之后,陶渊明与王弘便成了好友。陶渊明本着"绝州郡觐谒"的原则,前往州府的次数极少。而王弘则时时造访他的茅舍,对他的生活多有照拂,知他贫寒,总是以酒米相赠。

南朝檀道鸾笔记《续晋阳秋》记载了王弘派人给陶渊明送酒的故事:

"陶潜尝九月九日无酒,于宅边菊丛中,摘菊盈把,坐其侧,久,望见白衣(官府中给役小吏)至,乃王弘送酒也。即便就酌,醉而后归。"

重阳佳节,陶渊明在东篱下赏菊,抚琴吟唱,忽而酒兴大发,却是无酒可饮。他只好漫步菊丛,采摘了一大束菊花,坐在屋旁惆怅。蓦然间,他看见一个白衣使者向他走来,一问才知此人是王弘派来送酒的。这就是白衣送酒的典故。

人之相交,最重要的是懂得。

你知我的酸甜苦辣,我懂你的喜怒悲欢,才算真正的朋友。

就此来说,世间的许多情谊,实在太过轻薄。

陶渊明好酒,也喜欢菊花,所以对他来说,九月九日饮酒赏菊是极大的乐事。王弘了解他,也知道他家贫无酒,所以在这天派人前来送酒,陶渊明无比欣慰。

白衣送酒的故事,后来的文人时常引用。唐代王绩《九月九日赠崔使君善为》诗最后两句曰:"香气徒盈把,无人送酒来。"岑参的《行军九日思长安故园》开头:"强欲登高去,无人送酒来。"李白在《九日登山》中说:"渊明归去来,不与世相逐。为无怀中物,遂遇本州牧。因招白衣人,笑酌黄花菊。"

很可惜,重阳节年年都有,白衣送酒的故事却很少重演。

毕竟,世间交情,推杯换盏常有,冷暖相知太少。

有时候,王弘也会邀请陶渊明参加州府的宴会,陶渊明虽不喜喧嚷,但是盛情难却,也只好前往。永初二年(公元421年)深秋,庾登之入京都,谢瞻赴豫章(今江西南昌),王弘在湓口(今江西九江)为他们设宴送别。陶渊明应邀在座,还作了首《于王抚军座送客》:

> 秋日凄且厉，百卉具已腓。爰以履霜节，登高饯将归。
> 寒气冒山泽，游云倏无依。洲渚四缅邈，风水互乖违。
> 瞻夕欣良宴，离言聿云悲。晨鸟暮来还，悬车敛余晖。
> 逝止判殊路，旋驾怅迟迟。目送回舟远，情随万化遗。

这首诗意境萧索，与陶渊明的许多诗不同。

大概是因为，这是刘宋新朝的第一个秋天，心里藏着故国沦亡的悲伤，所以眼前所见尽是荒草落木。离别的感伤，也比平常更加浓烈。结尾他说"目送回舟远，情随万化遗"，注目行舟渐行渐远，最终也不过是这份感情随着自然变化而暗淡以趋于消亡。尽管心情沉重，但诗人性格中达观的一面又在结尾处表现出来。生老病死都是必然，更何况是离别！

王弘从晋义熙十四年（公元418年）到刘宋永初三年（公元422年），一直任江州刺史。在此期间，他与陶渊明多有往来，把酒言欢是常有的事。王弘奉诏入朝后，还念念不忘与陶渊明之间的情谊。他经常与陶渊明音书往来，还叮嘱朋友们照顾陶渊明。对陶渊明来说，他算得上真正的朋友。

卷七：转身已是归途

于这世界，我们皆是过客。
寂静而来，寂静而去。再深情，也终要归去。
最好的人生应该是，来得潇洒，去得清白。

易代之悲

遥望岁月长河，常常会突然沉默。

红尘往事，盛世华年，多年以后都归于沉寂。

英雄红颜，风流缱绻，到最后皆为尘土。

所有的往事，都只如刹那花开。曾经，有人指点江山，睥睨天下；曾经，有人跃马红尘，风云叱咤；曾经，有人吟风弄月，放浪江湖。到最后，只剩几抹荒凉的气息，任后来的人们寻找和祭奠。

历史就是这样，静默与恣肆，平淡与华丽，终将被岁月湮灭。

于迢迢岁月，人生起落，世事变迁，都只是斯须之间的事情。甚至，就连江山摇落，王朝更迭，也不过是一场花事，了于无声。东晋王朝，在偏安和混乱中，存活了百余年，终于走到了尽头。远远望去，影影绰绰之间，有人飞扬跋扈，有人战战兢兢。无数的生命在岁月的缝隙里，流离辗转，不知所措。

一个王朝的大门，蓦然间关闭了。

后来的人们，只能对着那段残破时光，摇头叹息。

关上那扇门的人，叫刘裕。

陶渊明隐退后的那些年，东晋王室日渐衰弱，而刘裕则逐渐位极人臣，气焰熏天。义熙二年（公元406年），刘裕因功受封为豫章郡公，食邑万户，获赏绢三万匹。义熙四年（公元407年）正月，因王谧去世，刘裕听从幕僚刘穆之劝言，入朝商议继任人选。最终获授侍中、车骑将军、开府仪同三司、扬州刺史、录尚书事、徐兖二州刺史，入掌朝政大权。

为了提高声望，刘裕进行了多次征伐。义熙五年（公元409年），南燕主慕容超袭位，纵兵肆虐淮北，俘虏阳平太守刘千载、济南太守赵元，驱掠百姓千余家。刘裕为抗击南燕，外扬声威，于四月自建康率舟师溯淮水入泗水。这一年，东晋军队与南燕军队多次激战。次年，晋军大胜，晋帝慕容超率数十骑突围而走，被晋军追获，南燕灭亡。刘裕以广固久守不降为由，入城后，尽杀南燕鲜卑族王公以下三千人以泄愤。慕容超被押送回师，在建康街头斩首。

义熙六年（公元410年），占据岭南的卢循、徐道覆趁刘裕领兵在外，起兵进攻江州。朝廷急征刘裕，而当时刘裕刚灭南燕，收到诏书就撤还建康。十月，刘裕率刘藩、檀韶、刘敬宣等人进攻卢循，并于十二月以火攻击败卢循船队。卢循败后试图于左里（今鄱阳湖口）挡住刘裕，但刘裕率军奋战，卢循军无法阻挡而大败，卢循因而南逃广州。刘裕早于卢循撤出蔡洲后，就已派孙处及沈田子经海路攻占了卢循的根据地番禺，卢循一再败逃，终为交州被刺史杜慧度所杀。

义熙七年（公元411年），刘裕班师回到建康，受太尉、中书监职位。次年（公元412年）四月，朝廷以刘毅为荆州刺史。刘毅雄踞一方，骄横跋扈，多次阻挠刘裕推行政令和布置人事。于是，刘裕亲自率军讨伐刘毅。刘毅大败，在离江陵二十里处的牛牧寺自缢身亡。

义熙八年（公元412年），十二月，刘裕下令伐蜀。次年，晋军成功灭谯蜀，巴蜀地区再入南方版图。其后，刘裕乘胜出击仇池国，仇池一溃千里，被迫撤出汉中，献上降表，向刘裕称臣。

在刘裕征讨刘毅时，晋宗室司马休之占据荆州，拥兵自重。义熙十一年（公元415年），刘裕收杀司马休之在建康的次子司马文宝及侄儿司马文祖，并出兵讨伐司马休之，自加黄钺，领荆州刺史。四月，刘裕击败司马休之军四万人，攻克江陵，直捣襄阳，荆、扬二州尽被刘裕吞并，司马休之及鲁宗之北投后秦。自桓玄作乱以来，南方各大割据势力全部灭亡。东晋境内，全由刘裕势力统治。

刘裕在消灭司马休之后获剑履上殿、入朝不趋、赞拜不名的崇礼。次年（公元416年）正月，更获加领平北将军、兖州刺史、都督南秦州诸军事，都督二十二州。

义熙十二年（公元416年）一月，后秦皇帝姚兴死，姚泓继位，内部叛乱迭起，政权不稳。八月，刘裕率大军分四路北伐后秦，攻陷洛阳、长安等地，后秦灭亡。此时,黄河以南、淮水以北以及汉水上游的大片地区，为刘裕据有。

在一系列的攻伐战争之后，刘裕已是权倾朝野。义熙十四年（公元418年），刘裕接受相国、总百揆、扬州牧的官职，以十郡建"宋国"，受封为宋公，并受九锡殊礼。

这年十二月，刘裕指派王韶之缢杀晋安帝，立其弟司马德文为帝，即晋恭帝，改元元熙。元熙元年（公元419年），刘裕晋爵为宋王，宋国又加十郡增益，使宋国包括了二十郡。同年末，刘裕又获加皇帝规格的十二旒冕、天子旌旗等一系列殊礼。

元熙二年（公元420年）六月，刘裕代晋称帝，东晋灭亡。他改国号为"宋"，改元永初。东晋末代皇帝司马德文，被刘裕废为零陵王，却没有逃过被杀的命运。永初二年（公元421年），刘裕命令张祎赐司马德文毒酒，张祎不肯，自饮而死。其后，刘裕又派士兵携毒酒前往，司马德文不饮，被士兵所杀。

皇图霸业，本是一场幻梦，却总有人，趋之若鹜。人们说，普天之下莫非王土，率土之滨莫非王臣。权欲的顶峰，就是独立江山之巅，俯视天下。可惜，人生如梦，再威武煊赫，也终将被岁月湮灭。千百年后，不过是渔樵笑谈。

吴宫花草埋幽径，晋代衣冠成古丘。是诗人的叹息。

一个王朝，在苟延残喘了多年以后，终于画上了悲凉的句号。

一抹血红，渐渐黯淡。后来，覆了尘埃，了无痕迹。

王朝更迭，有人趋炎附势，有人明哲保身。却也有人，心怀故国，凛然天地。晋宋易代，很多晋朝旧臣带着些许惭愧，入了新朝。也有不少人守着气节，宁可隐退林下。陶渊明隐居，主要是因为其坦荡清旷的性情与官场气氛格格不入，并非因为王朝更替。不过，对于刘裕代晋称帝，建立刘宋王朝，而且连续杀害晋安帝和晋恭帝，陶渊明无比愤慨。

他写了首《述酒》，名为写酒，实则是暗含激愤。

重离照南陆，鸣鸟声相闻；秋草虽未黄，融风久已分。

素砾晶修渚，南岳无余云。豫章抗高门，重华固灵坟。
流泪抱中叹，倾耳听司晨。神州献嘉粟，西灵为我驯。
诸梁董师旅，芊胜丧其身。山阳归下国，成名犹不勤。
卜生善斯牧，安乐不为君。平王去旧京，峡中纳遗薰。
双阳甫云育，三趾显奇文。王子爱清吹，日中翔河汾。
朱公练九齿，闲居离世纷。峨峨西岭内，偃息常所亲。
天容自永固，彭殇非等伦。

隐于山野，不问世事。

但是，江山易主，故国沦亡，陶渊明不能不悲伤。

为了避祸，陶渊明这首诗写得十分隐晦，曲折地记录了刘裕篡权易代的过程，对晋王朝的覆灭流露沉痛的惋惜。当然，其中也有对刘裕残忍杀害晋帝的悲愤。

这首诗有一个题注"仪狄造，杜康润色之"。仪狄是夏禹时代酒的发明者，而杜康是西周时人，正是在他改进了酿酒技术后，酒才风行于天下。然而，全诗内容与酒无关，字里行间尽是影射。

诗的开头，概括了东晋从开国到灭亡的百年沧桑。然后，讲述从东晋开国之日起，就不断发生奸邪篡逆叛乱之事，国势日渐衰落。其后他用了"诸梁"和"山阳公"的典故。"芊胜"应该作"芈胜"，陶渊明是故意写错。芈胜是楚国王族，将楚惠王赶出国境，自立为楚王。沈诸梁闻知后率领军队攻打芈胜，芈胜战败自杀，楚惠王得以复位。陶渊明引这个典故，是为了影射刘裕举义推翻桓玄之事，也颇有讽刺意味：桓玄篡位，刘裕起兵讨伐从而大权独揽，却也步桓玄后尘，做了篡逆之事。

曹丕建立魏国后，封让位的汉献帝刘协为"山阳公"，让他迁出洛阳，但并未加害，山阳公刘协得以终其天年。陶潜引出这个典故，是在责骂刘裕，骂他连已经逊位的司马德文都要杀害，毫无仁义可言。

整首诗，用了很多典故，以隐喻手法，对刘裕为了达到篡晋称帝目的，二十余年处心积虑诛锄异己，以及最终杀害两个皇帝的行为给予了猛烈的鞭挞。可以想象，晋宋易代，皇帝被杀，陶渊明必是义愤填膺、悲哀难抑。所以，在这首诗里，诗人的悲愤不言而喻。

诗的最后，他借范蠡的故事，表明自己闲居避世的决心；又借伯夷叔齐在商周易代后隐居到首阳山，最后活活饿死的故事，表明了自己的态度，那就是，宁可饿死，也绝不仕新朝。

人生于世，最重要的是气节和风骨。

他只是一介书生，于王朝更替之事，无能为力。

但他，独立天地，满目悲凉。很倔强，风骨凛然。

那是他的姿势，亦是他的态度。

知己天涯

浮沉起落，盛衰存亡。

世间之事，皆如春日花开，再绚丽也有凋残之时。

华年盛世，光盏流离，终将被岁月淹没。曾经的重楼宫阙，最终只剩断壁残垣。经过的人们，遥望从前，不过是兴起几番叹息。繁华零落，沧海桑田，岁月了无声响。

东晋王朝落幕了，结局惨淡。千年以后，不过是岁月的书翻过了一页。不过在当时，定有许多晋室的遗老遗少，悲愤难平。陶渊明也曾愤慨和悲伤过，但他知道，以东晋王朝的腐朽与昏暗，被取代是必然的事。他知道，世间事物，有盛就有衰，有荣就有枯，任何王朝都有江河日下、荒凉落幕的时候。

终于，他恢复了平静。山水还在，日月如常。

人至暮年，他只愿简淡地活着，与自己为邻，与时光对望。

陶渊明喜欢交友，也喜欢与至交好友把酒酬对。遗憾的是，他的朋友虽然不少，但是真正称得上知音的并不多。尤其是在当时的文坛，他可谓知音寥寥。比他年轻二十岁的谢灵运，虽与他以山水诗人并称于世，但是史料上并无两人交往的痕迹。当时较为出名的文人里面，只有颜延之与陶渊明相交甚笃。

颜延之，字延年，南朝宋文学家。琅玡临沂（今山东临沂）人。《宋书·颜延之传》记载："曾祖含，右光禄大夫。祖约，零陵太守。父显，护军司马。少孤贫，居陋室，好读书，无所不览，文章之美，冠绝当时，与谢灵运并称'颜谢'。嗜酒，不护细行，年三十犹未婚娶。"他与谢灵运、鲍照被后来的文学史合称元嘉三大家。

东晋末，颜延之为江州刺史刘柳后军功曹，转主簿，历豫章公刘裕世子参军。刘裕代晋建宋，官太子舍人。宋少帝时，以正员郎兼中书郎，出为始安太守。宋文帝时，征为中书侍郎，转太子中庶子，领步兵校尉。后为秘书监，光禄勋，太常。刘劭弑立，以之为光禄大夫。宋孝武帝即位，为金紫光禄大夫，领湘东王师，后世称其"颜光禄"。长子颜竣从孝武帝讨灭刘劭，权倾一朝。凡是颜竣所资供之物，延之一无所受，器服不改，宅宇如旧。曾经对颜竣说："平生不喜见要人，今不幸见汝。"

颜延之在当时的诗坛上声望很高，不过他的诗喜用典故，堆砌辞藻，往往缺乏生动的情致。汤惠休说他的诗"如错彩镂金"（见《诗品》），钟嵘也说他"喜用古事,弥见拘束"。其诗存世者不少而可观者不多,较为人们所称道的是《五君咏》五首,是他在被出为永嘉太守时所作,称述竹林七贤中的"五君","五君"即嵇康、向秀、刘伶、阮籍、阮咸,而山涛、王戎因为贵显而不咏,借五位古人抒发自己的不平,体现了他性格中正直放达的一面,比别的作品要显得清朗。

关于陶渊明与颜延之的交往,《宋书·隐逸传》载:

> 先是颜延之为刘柳后军功曹,在浔阳与潜情款。后为始安郡,经过,日日造潜。每往,必酣饮致醉。临去,留二万钱与潜,潜悉送酒家,稍就取酒。

义熙十一年(公元415年),刘柳任江州刺史,颜延之任其后军功曹。颜延之对陶渊明大概是早已闻名,于是慕名前往造访。原本,陶渊明是很少结交官场中人的,但是那次,他欣然接待了颜延之。想必是三十出头的颜延之风神俊逸,让陶渊明如见年轻的自己。饮酒窗下,一夕长谈,两人便成了好友。

人与人交往,从来都与时日长短无关。

刹那相逢,相谈甚欢,便能成为良朋知己。

只因,心性相似,志趣相投。

而有的人,纵然日日相见,也终究属于不同的世界。陶渊明比颜延之年长十九岁,而且早已诗名远播,但他与颜延之一见如故,没有半点倨傲。颜延之性情率真旷逸,潇洒不羁,陶渊明甚是欣赏。当然,陶渊明欣赏的,还有颜延之的才情。颜延之的诗,虽被人诟病不够生动,却不失凝练规整,比如《还至梁城作诗》:

> 眇默轨路长，憔悴征戍勤。昔迈先恒师，今来后归军。
> 振策眷东路，倾侧不及群。息徒顾将夕，极望梁陈分。
> 故国多乔木，空城凝寒云。丘垄填郭郛，铭志灭无文。
> 木石扃幽闼，黍苗延高坟。惟彼雍门子，吁嗟孟尝君。
> 愚贱同埋灭，尊贵谁独闻。矧为久游客，忧念坐自殷。

陶渊明与颜延之，是真正的文人之交。

把酒酬唱，弄月吟风，于他们皆是寻常之事。

自然地，有时候也会畅谈人生世事，闲话沧海桑田。

文人相交，只醉诗酒风月，不说富贵功名。吟诗论道之余，想必他们也会同游陌上，纵情于高山流水。总之，临山近水，对酒当歌，欢畅难以言说。

颜延之虽有官职在身，却也比较清闲。因此，他总会蓦然间来到陶渊明的茅舍，陶渊明也毫不在意。颜延之知道陶渊明家贫，有时候会携酒前往。反正，每次见面，总是醉意翩跹，各得其乐。他们的相逢，画面大概如李太白《下终南山过斛斯山人宿置酒》所写：

> 暮从碧山下，山月随人归。却顾所来径，苍苍横翠微。
> 相携及田家，童稚开荆扉。绿竹入幽径，青萝拂行衣。
> 欢言得所憩，美酒聊共挥。长歌吟松风，曲尽河星稀。
> 我醉君复乐，陶然共忘机。

田家茅舍，把酒临风。

没有俗事，没有机巧，只有尽情尽兴，陶然天地间。

他们的交往，可谓无拘无束，没有丝毫挂碍。有时候，陶渊明醉酒，便自顾自地睡去了，颜延之也会兴尽而去。某天晚上，两人都喝得大醉。次日清晨，孩子们跑来说："颜先生没打招呼就走了！"陶渊明笑道："尽兴而别，何必作女儿家缠绵姿态！"率真的陶渊明，自然不会在意这些细枝末节。他在意的，是朋友之间能够以心、以真性情相交。

后来，颜延之去别处任职，两人一别竟是多年。

再次相逢，已是刘宋景平二年（公元424年）。

彼时，颜延之被外放到始安（今广西桂林）任太守，经过浔阳时，再次造访陶渊明。故人重见，诗酒相欢，极是畅快。据何法盛《晋中兴书》记载："延之为始安郡，道经浔阳，常饮渊明舍，自晨达昏。"是这样，知己相逢，浅斟低唱，总嫌时光匆忙。

数日之后，颜延之起程离开，两人都不胜感伤。

六十岁的陶渊明，作别知己，老泪纵横。

关河迢递，世事茫茫。知己天涯，他们再未见面。

临走时，颜延之给陶渊明留下了二万钱，陶渊明尽数放在了酒馆。可惜，日后去酒馆饮酒，没有好友把盏闲谈，少了很多滋味。

再后来，陶渊明去世，颜延之悲伤之余，作了《陶征士诔》以表达对故人的怀念。文章以饱蘸感情之笔叙事，于叙事中含颂赞，把陶渊明的个性、学识、家庭生活、处世经历及人生态度等，形象完整地勾画了出来，充分体现了陶渊明率意认真的精神风貌和澄澈脱俗的人格魅力。诔文的序言中写道：

夫璿玉致美，不为池隍之宝；桂椒信芳，而非园林之实。岂其深而

> 好远哉？盖云殊性而已。故无足而至者，物之藉也；随踵而立者，人之薄也。若乃巢高之抗行，夷皓之峻节，故已父老尧禹，锱铢周汉。而绵世浸远，光灵不属。至使菁华隐没，芳流歇绝，不其惜乎！虽今之作者，人自为量，而首路同尘，辍途殊轨者多矣。岂所以昭末景、泛余波？
>
> 有晋征士浔阳陶渊明，南岳之幽居者也。弱不好弄，长实素心。学非称师，文取指达。在众不失其寡，处言愈见其默。少而贫病，居无仆妾。井臼弗任，藜菽不给。母老子幼，就养勤匮。远惟田生致亲之议，追悟毛子捧檄之怀。初辞州府三命，后为彭泽令，道不偶物，弃官从好。遂乃解体世纷，结志区外，定迹深栖，于是乎远。灌畦鬻蔬，为供鱼菽之祭；织絇纬萧，以充粮粒之费。心好异书，性乐酒德。简弃烦促，就成省旷……

不管怎样，彼时的尘世间，再无陶渊明。

月下倾谈，花间痛饮，都只是往事。颜延之只有怀念的份儿。

所有的聚合，所有的欢乐，都必然以离散为结局。

就像，花开陌上，转瞬凋零。

如鱼饮水，冷暖自知

我们，皆是光阴的过客。

离合聚散，不过是镜花水月；繁华喧嚷，不过是过眼烟云。

所有的喜怒哀乐，皆是路旁风景，铺垫人生的繁杂。漫长的路上，我们必须学会删繁就简，学会淡然从容。边走边领悟，明白世事无常，明白人生如梦，生命便因此而圆满。可以说，人生的最美，就是来自心灵深处的通透与清欢。

对于人生，陶渊明有他独特的理解和追求。他的人生，不需要玉宇琼楼来装点，也不需要功名利禄来充实。他需要的，是寄情于山水云月，几分醉意，几分悠然。在平淡的日子里，赋诗饮酒，独品清欢，就是最好的日子。

所以，他选择了隐居，将自己交给了小径山村，行走坐卧，自取飘然。不过，真实的生活，远非看上去那般云淡风轻。隐居到后期，他的生活越来越清苦，常有难以为继的窘迫。幸好他有颗安贫乐道之心，困苦的日子里也从不绝望。

最初的日子是这样：采菊东篱下，悠然见南山；归人望烟火，稚子候檐隙；久去山泽游，浪莽林野娱。到后来，他的笔下多了贫困，多了饥寒交迫，比如"夏日抱长饥，寒夜无被眠"，比如"弱年逢家乏，老至更长饥"，比如"倾壶绝余沥，窥灶不见烟"。

他是个诗人，所以身处贫困之境，仍能安然度日，偶尔写几首诗，聊作慰藉。大概是这样，因为心有芳草田园，所以无论处境如何，总能回归到内心，恬然自处。不过，这样的日子也可以说，如鱼饮水，冷暖自知。

晚年的陶渊明，时常怀念青春岁月，有时候会兴起叹息：眷眷往昔时，忆此断人肠。他是个淡静的人，不曾飞扬恣肆，不曾裘马放纵，但他也有过心怀壮烈、意气风发的岁月。那时候，年轻的他，仗剑远游，带着辅弼天下的梦想。转眼，人已老去，岁月无声。

再清澈、再美丽的青春，也不过是一场朦胧幻梦，过去了便只剩回忆。偶尔忆起，也不过是徒生感慨。往事里面，绿树浓荫，晴川历历，终究是回不去的。

我们拥有的，只是当下的生活。

哪怕风雨凄凄,哪怕落花满地,也只能与之握手言和。

陶渊明也会怀念隐居之初的那些翩然日子。那时候,花间篱下,春夏秋冬,时光总是清浅安详的。他喜欢独酌,如李太白那般,举杯邀明月,对影成三人,孤寂却也自在;他喜欢抚琴,泠泠弦上,触摸今古,自得几分清雅;他喜欢写诗,平平仄仄之间,有欢喜也有忧伤,有清朗也有阴雨,信笔闲游。

那时候,常有好友前来,与他把盏茅舍,以诗相和。对诗人来说,或者说对陶渊明来说,这是极大的乐事。独酌虽也是自得其醉,但与朋友共饮,更能畅快淋漓。何况,还可以诗赋酬答,得平仄之雅兴。比如《和胡西曹示顾贼曹》及《五月旦作和戴主簿》,诗意虽不尽是闲适和快乐,但唱和时定是愉悦的。

朔土秋气高,日夕来凉飙。鸿雁已南乡,游子寒无衣。
履霜戒坚冰,几者动之微。所以漆室女,浩叹忧园葵。
烨烨阶下兰,一夕遽变衰。愁来谁与语,有酒聊自挥。
故乡岂不怀,我行尚迟迟。百年同适客,何事主叹悲。

虚舟纵逸棹,回复遂无穷。发岁始俯仰,星纪奄将中。
南窗罕悴物,北林荣且丰。神萍写时雨,晨色奏景风。
既来孰不去?人理固有终。居常待其尽,曲肱岂伤冲。
迁化或夷险,肆志无窊隆。即事如已高,何必升华嵩。

许是东篱之下,许是茅舍之中。
两三好友,临风把酒,快意平生。

酒酣之时，赋诗吟啸。不经意间，画面便有了兰亭雅集的意味。

对于文人，华服广厦抵不上这山野中的诗酒之趣。

有时候，陶渊明也会与好友携手同游，行走于山间水湄。有道是，仁者乐山，智者乐水，山有山的崔嵬，水有水的明净。陶渊明天性酷爱自然，喜欢将自己流放于山水之间。于他，那是另一种沉醉。有位姓丁的柴桑县令与陶渊明有过交往，还曾一起畅游山水，陶渊明作有《酬丁柴桑》：

有客有客，爰来爰止。
秉直司聪，于惠百里。餐胜如归，聆善若始。
匪惟谐也，屡有良由。载言载眺，以写我忧。
放欢一遇，既醉还休。实欣心期，方从我游。

曾经，他与几位好友同游周家墓柏下，日朗风情，轻松快意。陶醉于山水，陶渊明忍不住酣饮欢歌。他写了首《诸人共游周家墓柏下》，山水之乐尽在笔端：

今日天气佳，清吹与鸣弹。感彼柏下人，安得不为欢。
清歌散新声，绿酒开芳颜。未知明日事，余襟良以殚。

义熙十年（公元414年），五十岁的陶渊明与两三邻居同游斜川，也曾作诗寄情，题为《游斜川》。序言中写道："辛酉正月五日，天气澄和，风物闲美，与二三邻曲，同游斜川。临长流，望曾城，鲂鲤跃鳞于将夕，水鸥乘和以翻飞。彼南阜者，名实旧矣，不复乃为嗟叹。若夫曾城，傍无依接，独秀中皋，遥想灵山，有爱嘉名。欣对不足，率尔赋诗。

悲日月之遂往,悼吾年之不留。各疏年纪乡里,以记其时日。"

> 开岁倏五日,吾生行归休。念之动中怀,及辰为兹游。
> 气和天惟澄,班坐依远流;弱湍驰文鲂,闲谷矫鸣鸥。
> 迥泽散游目,缅然睇曾丘;虽微九重秀,顾瞻无匹俦。
> 提壶接宾侣,引满更献酬;未知从今去,当复如此不?
> 中觞纵遥情,忘彼千载忧。且极今朝乐,明日非所求。

这首诗里,有对时光易逝的感慨。

但更多的,还是寄情山水、纵意游赏的畅快。

当然,游赏结束,各自归去,难免心生感伤。就像是,盛筵落幕,人各西东。人生就是这样,曾经同游共醉的人,不知从何时开始,走出了我们的生活,从此天涯各自,音讯全无。所以,一场同游之后,欧阳修会发出这样的感叹:"聚散苦匆匆,此恨无穷。今年花胜去年红。可惜明年花更好,知与谁同?"

晚年的陶渊明,生活困窘,游赏之意也淡了许多。

难以为继的时候,他曾向乡邻求助乞食,并且作诗以记:

> 饥来驱我去,不知竟何之。行行至斯里,叩门拙言辞。
> 主人解余意,遗赠岂虚来。谈谐终日夕,觞至辄倾杯。
> 情欣新知欢,言咏遂赋诗。感子漂母意,愧我非韩才。
> 衔戢知何谢,冥报以相贻。

乞食度日,自然是很为难的事情。

但他，在最困苦的时候，仍保持着高洁与傲岸。他可以向邻人或朋友寻求帮助，但绝不向州府官员低头。他结交王弘和颜延之，只因性情相投，并非为了获取资助。很多人，纵是高居庙堂，他也不屑与之为伍。有的朝廷官员，他见其庸俗，不愿与之结交，也便不会接受其扶助。

元嘉三年（公元426年），檀道济任江州刺史。檀道济，高平金乡（今山东金乡县）人。东晋末年将领，南朝宋开国元勋，左将军檀韶之弟。出身寒门，父母双亡。参加谢玄创建的北府兵，投身于刘裕部下。随刘裕率兵平定桓玄之乱，拜太尉参军，从平卢循之乱。义熙十二年（公元416年），拜冠军将军，随刘裕攻打后秦。宋武帝即位后，封护军将军、散骑常侍、丹阳尹，迁镇北将军、南兖州刺史，抵御北魏进攻。宋文帝即位后，拜征北将军，封武陵郡公，平定谢晦叛乱，拜征南大将军、江州刺史。

檀道济久闻陶渊明隐逸之名，又知道他景况艰难，上任不久便带着随从，载了米肉前往看望。萧统《陶渊明传》记载：

> 江州刺史檀道济往候之，偃卧瘠馁有日矣。道济谓曰："贤者处世，天下无道则隐，有道则至。今子生文明之世，奈何自苦如此？"对曰："潜也何敢望贤？志不及也。"道济馈以粱肉，麾而去之。

那时候，陶渊明不仅境况堪虞，而且重病在身。

尽管如此，他还是拒绝了檀道济的资助，只因话不投机。

晋宋易代，是陶渊明始终难以释怀的事情。檀道济却劝他，值此昌明之世，不应自苦于山野。性情不同，追求各异，所以陶渊明只能闭门送客。他的柴扉，只为高致清雅、懂他悲喜的人敞开。

孤云独无依

纸帐梅花,休惊他三春清梦。

笔床茶灶,可了我半日浮生。

印象中,陶渊明的隐居生活是清淡闲适的。时而对酌时光,时而流连山水,日子在诗里恬静安详。但其实,暮年的陶渊明,日子困苦不堪,时常为生计而忧心,也时常无酒可饮。嗜酒如他,心情可想而知。可以说,很多时候,他是靠信念活着。

假如他不辞官归隐,日子定然不会那样艰苦。但若是那样,他就不是我们熟悉的陶渊明。他生性淡泊,以认真和淳朴为追求,所以必然会远离仕途纷扰,回到他心灵的归依之地,过他的田园生活。想必,他早已料想到,晚年定会活得贫困,但他还是做了忠于性情的选择。

活在世间,总有许多选择要做。

风雨也好,凄迷也好,既然做了选择,就应无怨无悔。

显然,陶渊明晚年的贫困,远非年轻时的清贫可比。在《怨诗楚调示庞主簿邓治中》一诗中,他这样写道:"炎火屡焚如,螟蜮恣中田。风雨纵横至,收敛不盈廛。夏日长抱饥,寒夜无被眠。造夕思鸡鸣,及晨愿乌迁。在己何怨天,离忧凄目前。吁嗟身后名,于我若浮烟。慷慨独悲歌,钟期信为贤。"可见,因为收成不好,他时常处于饥寒境地。不过,他早已抱定固穷守节之志,虽然贫困,却也不改初衷。

人生本就是一路彷徨,一路风雨。

每个人都需要在这条路上不断思索,体悟人生。

然后,于凄凄风雨中,保持从容的姿态。

陶渊明有首《有会而作》,序言中写道:"旧谷既没,新谷未登,颇为老农，而值年灾，日月尚悠，为患未已。登岁之功，既不可希，朝夕所资，烟火裁通。旬日已来，日念饥乏，岁云夕矣，慨然永怀，今我不述，后生何闻哉！"

就是说，旧谷已经吃完，新谷还未成熟。人至暮年，遇到灾荒年景，生活无比艰苦，常有断炊之忧。有时候，他忍不住慨然长叹，然后默默地写几首诗，聊以自慰。

弱年逢家乏，老至更长饥。菽麦实所羡，孰敢慕甘肥。
怒如亚九饭，当暑厌寒衣。岁月将欲暮，如何辛苦悲。
常善粥者心，深念蒙袂非。嗟来何足吝，徒没空自遗。
斯滥岂攸志，固穷夙所归。馁也已矣夫，在昔余多师。

有会而作，即对生命有所领悟而作。

尽管，暮年时光，适逢灾年，粮食匮乏到了难以为继的地步，但他仍旧选择倔强地活着，几无怨艾之情。原本，他就追求"不汲汲于富贵，不戚戚于贫贱"的人生境界，所以面对人生苦难，反而更加珍视生命。

他说，斯滥岂攸志，固穷夙所归。他泾渭分明地把生命的价值判然为二：君子高尚其志，安贫乐道，从而身处忧患之中，却获得了精神上的自由；小人心为物役，自甘沉沦，终于在随波逐流中淹没了自己的天性。陶渊明选择了前者而否定了后者，并且以前贤作为师法的榜样而自勉。

陶渊明的一生，始终在与贫寒对峙。在生活和岁月面前，他从不曾畏畏缩缩，尽管活得寂静，却是斗志昂扬。困顿不堪的时候，他喜欢与古代那些虽贫困却不失风骨的贫士遥相呼应。他写了《咏贫士》七首，缅怀先贤，激励自己。

万族各有托，孤云独无依。暧暧空中灭，何时见余晖。
朝霞开宿雾，众鸟相与飞。迟迟出林翮，未夕复来归。
量力守故辙，岂不寒与饥？知音苟不存，已矣何所悲。

凄厉岁云暮，拥褐曝前轩。南圃无遗秀，枯条盈北园。
倾壶绝余沥，窥灶不见烟。诗书塞座外，日昃不遑研。
闲居非陈厄，窃有愠见言。何以慰吾怀，赖古多此贤。

这两首为七首诗之纲领。

第一首诗以孤云、独鸟自况，体现诗人虽然贫苦却守志不阿的精神。第二首自抒贫居境况，寒冬岁暮，负暄茅舍之前，眼中所见除了枯树寒枝，别无他物。灶炉不见烟火，酒壶不见滴酒，可谓凄凉到了极点。

境况如斯，他只能向遥远的古代寻找知音。

他知道，曾经有许多贫寒之士，生活困顿，却活得泠然。

荣叟老带索，欣然方弹琴。原生纳决履，清歌畅商音。
重华去我久，贫士世相寻。弊襟不掩肘，藜羹常乏斟。
岂忘袭轻裘，苟得非所钦。赐也徒能辨，乃不见吾心。

荣叟指荣启期，春秋时隐士，暮年贫苦，以绳为衣带，却还能弹琴为乐。

原生指原宪，字子思，孔子弟子。原宪清静守节，贫而乐道。《韩诗外传》载：原宪居鲁国时，一次子贡去看他，他出来接见时，穿着破衣服和裂开口的鞋子，"振襟则肘见，纳履则踵决"。子贡问他何以如此，原宪回答：不过是贫困而已，那种将仁义藏起来，香车宝马的生活，我原宪是不愿过的。子贡惭愧而去。原宪却"徐步曳杖，歌商颂而返。声沦于天地，如出金石"。

纵然身处泥淖，也要保持仰望天空的勇气。

荣启期与原宪，贫寒而不改志趣，正是陶渊明欣赏的。

安贫守贱者，自古有黔娄。好爵吾不荣，厚馈吾不酬。
一旦寿命尽，弊服仍不周。岂不知其极，非道故无忧。
从来将千载，未复见斯俦。朝与仁义生，夕死复何求。

黔娄为战国时齐国的隐士。齐、鲁的国君请他出来做官，他总是不肯。家中甚贫，死时衾不蔽体。陶渊明几次谢绝州府辟命，后来又辞彭泽县令之职。义熙十一年（公元415年），朝廷诏征他为著作佐郎，他又称病没有应征。他的经历与黔娄颇为相似，皆是清雅淡泊之人，宁可忍受贫寒，也不愿受驱驰之苦。

朝与仁义生，夕死复何求，这两句用《论语·里仁》"朝闻道，夕死可矣"之意，表示安贫守道的决心至死不渝。不管生活如何黯淡，他都愿意傲然地活着，不失风雅，不失气节。

袁安困积雪，邈然不可干。阮公见钱入，即日弃其官。
刍槁有常温，采莒足朝餐。岂不实辛苦，所惧非饥寒。
贫富常交战，道胜无戚颜。至德冠邦闾，清节映西关。

仲蔚爱穷居，绕宅生蒿蓬。翳然绝交游，赋诗颇能工；

举世无知者，止有一刘龚。此士胡独然？实由罕所同；
介焉安其业，所乐非穷通。人事固以拙，聊得长相从。

昔有黄子廉，弹冠佐名州。一朝辞吏归，清贫略难俦。
年饥感仁妻，泣涕向我流。丈夫虽有志，固为儿女忧。
惠孙一晤叹，腆赠竟莫酬。谁云固穷难，邈哉此前修。

后面这三首所咏的，皆为汉朝人物。

袁安，字邵公，家境甚是贫寒。《汝南先贤传》载，时袁安客居洛阳，值大雪，"洛阳令自出案行，见人家皆除雪出，有乞食者。至袁安门，无有行路。谓安已死，令人除雪入户，见安僵卧。问何以不出。安曰：'大雪人皆饿，不宜干人。'令以为贤，举为孝廉"。关于阮公，其人其事未详。大概也是不喜羁束之人，所以只要有点收入，便会辞官不做。

仲蔚即张仲蔚，东汉平陵（今陕西咸阳西北）人。据《高士传》说，其人"善属文，好诗赋，常居穷素，所处蓬蒿没人。闭门养性，不治荣名。时人莫识，唯刘龚知之"。陶渊明与张仲蔚的性情与志趣很是相似，算是真正的知音。所以陶渊明愿以之为楷模，"聊得长相从"。

关于黄子廉，《三国志·黄盖传》注引《吴书》说："黄盖乃故南阳太守黄子廉之后也。"王应麟《困学纪闻》引《风俗通》说："颍水黄子廉每饮马，辄投钱于水，其清可见矣。"若为同一黄子廉，则知其曾为南阳太守，为人清廉。后辞官归隐，清贫度日。因心性相同，他也被陶渊明引为知己。

对陶渊明来说，困苦的日子里，与古代贫士遥遥对酌，即使不能称之为乐事，至少是聊感慰藉。这些诗，名为咏古，其实就是借古人精神，述自己志趣。当然，如果可以，他定然愿意与那些风骨卓然的贫士把盏于草庐茅舍，不说名利，只取风雅。

生活，有明有暗，有起有落。面对困顿，有的人沉沦悲哀，有的人昂首前行。陶渊明的身上，既有儒家自强不息的精神，亦有道家物我两忘的气质。所以，窘困的暮年，他的诗也并不显得黯淡，反而尽显睥睨忧患的力量。

活在人间，我们最终都会输给岁月。

但我们都要活出该有的气象，不能苟且，不能沉沦。

生命来去如尘，重要的是，疏朗清白。

纵浪大化中，不喜亦不惧

人生于世，不过是流浪一场。

寂静而来，匆忙而去，中间是凄迷的聚散离合。

生死问题，是每个人都避不开的。那么，我们从何而来，去向何处？我们该如何度过自己的人生？离开这个世界，精神是否仍旧存在？活在人间，该追求声名显赫，还是灵魂自由？诸多的问题，每个人都在思考。

形神问题是一个古老的哲学命题。对于形神关系，老庄哲学中论述颇多。比如，《文子·下德》中引老子语曰："太上养神，其次养形。"《淮南子·原道训》中说："以神为主者，形从而利；以形为制者，神从而害。"都表示了以神为主，以形为辅，神贵于形的观念。

但同时，也指出了形神一致，不可分割的联系，如《淮南子·原道训》中说："夫形者，生之舍也；气者，生之充也；神者，生之制也；一失位，则三者伤矣。"指出了形、气、神三者对于生命虽各有各的功用,然三者互相联系,不可缺一。汉初推崇黄老思想的司马谈在《论六家要旨》中说:"凡人之所生者,神也;所托者,形也;神太用则竭,形大劳则敝,形神离则死。"更直接地指出了形神合一,这便是老庄哲学中朴素唯物主义思想的体现。

陶渊明是山水诗人,很少在诗歌中进行比较抽象的人生思考。不过,对于形神问题,他也有过深入的思索,此事大概与慧远法师有关。义熙十年(公元414年),慧远法师在庐山东林召集百余人结莲社,讲习佛教,他曾邀请陶渊明参加,因思想不同,对形神的看法有很大分歧,陶渊明拒绝加入。

慧远曾作《形尽神不灭论》《佛影铭》,阐述形神观念。《佛影铭》中就说:"廓矣大象,理玄无名,体神入化,落影离形。"意在宣扬神形分离,各自独立的主张,这种对形、影、神三者关系的见解代表了佛教徒对形骸与精神的认识,在当时的知识界曾有过广泛影响。

在陶渊明看来,形神相随,形灭则神灭。因此,他写了《形影神》组诗,阐述了自己的观点。不过,关于形影神,陶渊明与慧远法师所指并不相同。慧远的理论中,"形"指人的形体,"影"指佛的法身,"神"指精神、佛性。慧远用它们来揭示人的形体虽然会灭尽,但精神不随之灭尽,且将轮回不已。

陶渊明则赋予了形影神新的含义。在他的诗中,"形"指追求物质享乐的人生态度,"影"指追求美好名誉的人生态度,"神"指顺应自然的人生态度。

组诗的序言是这样:"贵贱贤愚,莫不营营以惜生,斯甚惑焉;故极陈形影之苦,言神辨自然以释之。好事君子,共取其心焉。"意思是,世间之人，不论贫富智愚，都在拼命维持生活，其实是糊涂之事。因此，他尽力陈述形影之苦恼，而以神辨明自然的道理，解除世人的困惑。

自然而生，自然而死，是陶渊明的观点。

正如《老子》所述：人法地，地法天，天法道，道法自然。

活在人间，他喜欢来去自在，一切随缘。

天地长不没，山川无改时。草木得常理，霜露荣悴之。
谓人最灵智，独复不如兹。适见在世中，奄去靡归期。
奚觉无一人，亲识岂相思。但余平生物，举目情凄洏。
我无腾化术，必尔不复疑。愿君取吾言，得酒莫苟辞。

这是《形赠影》。形体对影子说：天地永恒，山川万古如斯，草木荣枯自有规律。人生与世，却是匆忙的过客，刹那来去，从此无声，就像从未来过。我作为形体，没有飞天成仙的本领，你影子也不必怀疑我这最终的归宿。既然如此，不如尽情享乐，推杯换盏，度过匆忙的人生。

然后，是《影答形》：

存生不可言，卫生每苦拙。诚愿游昆华，邈然兹道绝。
与子相遇来，未尝异悲悦。憩荫若暂乖，止日终不别。
此同既难常，黯尔俱时灭。身没名亦尽，念之五情热。
立善有遗爱，胡为不自竭？酒云能消忧，方此讵不劣！

影子回答形体：有生必有死，寻求长生不老是不可靠的，欲保养生命也往往落得苦恼的下场，至于修仙学道，更是虚无缥缈。自从我影子与你形体相遇以来,始终相伴相随,同甘共苦。我若栖息于树荫下,你便和我暂时分离;我若立于日光下,你便在我身边。不过,这种形影相随的情形总有结束的时候,总有一天,我们将远离尘世。人死名也随之而尽。尽管如此,也可以立善留名于世。虽说酒能解忧,终不如立善留名更有意义。

> 大钧无私力,万理自森著。人为三才中,岂不以我故。
> 与君虽异物,生而相依附。结托善恶同,安得不相语。
> 三皇大圣人,今复在何处?彭祖爱永年,欲留不得住。
> 老少同一死,贤愚无复数。日醉或能忘,将非促龄具?
> 立善常所欣,谁当为汝誉?甚念伤吾生,正宜委运去。
> 纵浪大化中,不喜亦不惧。应尽便须尽,无复独多虑。

这是《神释》。对于形影对答,神的解释是:造化无形,亦无偏爱,万物生长繁衍自有其规律。人之所以能跻身于"三才"(天地人)之中,正是因为有精神。我与你们形和影虽不相同,却亦是相互依存,既然如此,我就坦诚地说说我的看法:

上古时的三皇被称为大圣人,如今人在何处?彭祖活了八百多岁,想要长生于世,终究还是离开了红尘。这世上,无论男女老少,无论贵贱贤愚,终归黄土,没有什么回生的运数能够挽回。沉醉于酒,或许能忘却忧愁,却又何尝不是在损耗生命?许多人喜欢立善求名,却不知,离开尘世便永远沉寂,几人能记得你的声名?与其执着于这些问题,倒不如随造化的安排,顺其自然,在茫茫尘世,不喜亦不惧,淡然而生,直到生命尽头。

物质享受，声名羁绊，陶渊明皆不喜欢。

他只愿，自在红尘里，从容天地间，来去飘然。

乐天知命，顺遂自然，不贪恋，不执着。这就是陶渊明的人生哲学。

陈寅恪先生在《陶渊明之思想与清谈之关系》讲述，陶渊明笃守先世崇奉之天师道信仰，故以道家自然观为立论之本，既不同于魏晋时期的自然崇仰者，以放情山水，服食求仙为尚，如嵇康、阮籍等人，又不同于魏晋时期的尊奉孔孟、标举名教者，如何曾之流。渊明既接受了老庄的思想，又有感于晋宋之际的社会现实，于是创为一种新的自然说。《形影神》这组诗中就典型地体现了这种思想。故此诗不仅体现了陶渊明个人哲学观，而且对理解自曹魏末至东晋时士大夫政治思想、人生观念的演变历程有极重要之意义。

有道是，浮生若梦。经过人间，我们不过是做了一场悠长而又短暂的梦，不知不觉，已到梦醒时分。刹那浮生，终归寂灭。所有的寻觅与追逐，都会归于无形。物质的享受，声名的满足，都将因我们的离开而结束。

我们皆是寻常之人，不能上天入地，不能羽化成仙。最终，不过是一去万事空。儒家提倡立得、立功、立言三不朽的思想，认为人有美名则可流芳百世，万古长存。其实，声名之事，如同烟云，人死如灯灭，一切都将飘散于无形。

陶渊明既否定了物质享受主义，也否定了以声名长存于世的思想。在他看来，来到人间，就该顺应自然，缘起而生，缘灭而死。如此，便可死而不灭，与天地共存。这组诗简单来说，就是认为追求美名高于物质享乐，而顺应自然又高于追求美名。这就是他的人生态度。

他不求广厦华服，亦不求功名利禄。

他只愿简单地活着，该饮酒便饮酒，该写诗便写诗。

不忧不惧,随遇而安。

寂静归途

岁月很长,人生很短。

其实,人生不过是刹那的尘缘。

陶渊明的最后几年,是在贫苦和疾病中度过的。他身患疟疾,行动不便,不得不卧床度日。躺在病床上,他回忆自己的人生。不曾辉煌,不曾煊赫,但也不算苍白。没有完成济世安民的理想,算是一桩憾事。但他知道,身处乱世,那样的理想本就缥缈。

总的说来,他的一生大都是在田园度过的。躬耕田野,饮酒写诗,有恬静,有寂寥,有闲适,有困苦。他是个真正的诗人,有一颗恬淡之心,品味山水,领悟悲欢;有一支灵秀之笔,描摹天地,吟诵春秋。他的人生,履历简单,不曾经历大起大落,也没有旖旎缠绵的故事。他在寂静中,以诗人和隐者的身份完善着人生。于是,寂静而又丰盛。

对于生死之事,他时常思考,看得很淡。他知道,人生于世,只如草木繁盛,一番秋凉,便是凋落之时。既有其生,便有其死,对于生命之长短,谁都无法执着。所以,他写了《拟挽歌辞三首》自挽。

有生必有死,早终非命促。昨暮同为人,今旦在鬼录。
魂气散何之,枯形寄空木。娇儿索父啼,良友抚我哭。
得失不复知,是非安能觉!千秋万岁后,谁知荣与辱?
但恨在世时,饮酒不得足。

在昔无酒饮，今但湛空觞。春醪生浮蚁，何时更能尝！
肴案盈我前，亲旧哭我旁。欲语口无音，欲视眼无光。
昔在高堂寝，今宿荒草乡；一朝出门去，归来夜未央。

荒草何茫茫，白杨亦萧萧。严霜九月中，送我出远郊。
四面无人居，高坟正嶣峣。马为仰天鸣，风为自萧条。
幽室一已闭，千年不复朝。千年不复朝，贤达无奈何。
向来相送人，各自还其家。亲戚或余悲，他人亦已歌。
死去何所道，托体同山阿。

生命来去，就像花开花谢。

所有的盛放与喧闹，都会在刹那间结束。

虚掩的红尘门扉内，有我们萧索的身影，独自来，独自去。

尘世热闹，所以人总是执着于生，贪恋人间。但我们，毕竟只是寄身人世，总会在某年某月走向归途。就像，秋风四起，黄叶飘零。红尘往事，终将了无痕迹。

魏晋之人喜欢清谈，多言生死。不过，真正看淡生死的寥寥无几。即使是王羲之这样的大书法家，也曾在《兰亭序》中感叹："死生亦大矣，岂不痛哉！"陶渊明明白，生死有定。所以，他既不贪求长生，亦不畏惧死亡。

他说："聊乘化以归尽，乐夫天命复奚疑。"

他说："纵浪大化中，不忧亦不惧；应尽便须尽，无复独多虑。"

很坦率，很从容。于他，人生于世，就是一场匆忙的旅行。路途不同，景致不同，心境不同，体悟不同，但当旅行结束的时候，每个人都会归于暮色。

对于生死，陶渊明是理性和旷达的。重病在身，自知时日无多，并无唏嘘和惧怕，而是坦然地说：人终有一死，不必执着。那是个荒草满地、落木萧萧的九月，陶渊明躺在病床上，忆起平生，不圆满，但颇有滋味，他甚感欣慰。至于生死，他一笑置之。

活到最后，他已是心境明澈，生死了然。

得失荣辱，浮沉聚散，都不过是过眼云烟。

人生如梦，万事皆空。每个人，都将寂灭于时光。

若说有遗憾，那便是后来的岁月，嗜酒如他，却时常无酒可饮。因此他说："但恨在世时，饮酒不得足。"不久于人世，还是那副诙谐的模样。诗的最后，他说："死去何所道，托体同山阿。"死亡，不过是离开喧嚷尘世，将自己交给山河岁月。因为了然生死，所以不悲不惧。

深秋，西风萧瑟，草木凋残。

陶渊明又作《自祭文》，生死坦然。

岁惟丁卯，律中无射。天寒夜长，风气萧索，鸿雁于征，草木黄落。陶子将辞逆旅之馆，永归于本宅。故人凄其相悲，同祖行于今夕。羞以嘉蔬，荐以清酌。候颜已冥，聆音愈漠。呜呼哀哉！

茫茫大块，悠悠高旻，是生万物，余得为人。自余为人，逢运之贫，箪瓢屡罄，絺绤冬陈。含欢谷汲，行歌负薪，翳翳柴门，事我宵晨，春秋代谢，有务中园，载耘载籽，乃育乃繁。欣以素牍，和以七弦。冬曝其日，夏濯其泉。勤靡余劳，心有常闲。乐天委分，以至百年。

惟此百年，夫人爱之，惧彼无成，愒日惜时。存为世珍，殁亦见思。

嗟我独迈,曾是异兹。宠非己荣,涅岂吾缁?捽兀穷庐,酣饮赋诗。识运知命,畴能罔眷。余今斯化,可以无恨。寿涉百龄,身慕肥遁,从老得终,奚所复恋!

寒暑愈迈,亡既异存,外姻晨来,良友宵奔,葬之中野,以安其魂。宵宵我行,萧萧墓门,奢耻宋臣,俭笑王孙,廓兮已灭,慨焉已遐,不封不树,日月遂过。匪贵前誉,孰重后歌?人生实难,死如之何?呜呼哀哉!

苏轼说,人生如逆旅,我亦是行人。

世间之人,皆是将自己交给岁月长河,自我泅渡。

或许,活在世间,经历悲欢聚散,都只是为了最后的从容离开。那个秋天,在心知即将离开尘世的时候,陶渊明回忆了自己的人生。一枕秋凉,往事沉默不语。

生而为人,他感念造化。人生六十余载光阴,大都在清贫中度过。但他乐天知命,活得不卑不亢。田园里,有他忙碌的身影,春种秋收,不管收成如何,自有一番乐趣。闲暇时,读书抚琴,饮酒作诗,冬则负暄窗下,夏则沐浴清泉,悠然自得。尽管,身居陋室,不曾显贵,但他始终倔强傲然,不慕名利,不屑尘俗。

对于身后之事,他也略有交代:不封不树,日月遂过。也就是说,既不垒高坟,也不在墓边植树,长归尘土,任由岁月湮灭。生前不求声名,死后更无需人们拜祭。

元嘉四年(公元427年)深秋,陶渊明病逝。

前尘往事,悲欢离合,刹那间没了声响。

陶渊明的好友颜延之于悲伤之余,写了《陶征士诔》。

物尚孤生，人固介立，岂伊时遘，曷云世及？
嗟乎若士，望古遥集，韬此洪族，蔑彼名级。
睦亲之行，至自非敦，然诺之信，重于布言。
廉深简洁，贞夷粹温，和而能峻，博而不繁。
依世尚同，诡时则异。有一于此，两非默置。
岂若夫子，因心违事。畏荣好古，薄身厚志。
世霸虚礼，州壤推风。孝惟义养，道必怀邦。
人之秉彝，不隘不恭，爵同下士，禄等上农。
度量难钧，进退可限。长卿弃官，稚宾自免。
子之悟之，何悟之辩。赋诗归来，高蹈独善。
亦既超旷，无适非心，汲流旧巘，葺宇家林。
晨烟暮霭，春煦秋阴，陈书辍卷，置酒弦琴。
居备勤俭，躬兼贫病。人否其忧，子然其命。
隐约就闲，迁延辞聘。非直也明，是惟道性。

陶渊明，是个遗世独立的诗人。

他的孤傲不群，他的清雅恬淡，皆是与生俱来。

作为知己，颜延之了解陶渊明。可惜，在他回忆好友生平的时候，那憔悴的诗人已飘然而去了，走得无声无息。只有他的诗篇留在了世间。多年以后，人们将他称作隐逸诗人之宗，后世文人对他多有推崇。

苏轼说："吾与诗人无所甚好，独好渊明之诗。渊明作诗不多，然其诗质而实绮，癯而实腴，自曹、刘、鲍、谢、李、杜诸人，皆莫过也。"杨万里《西溪先生和陶诗序》云："渊明之诗，春之兰，秋之菊，松上之风，涧下之水也。"

姜夔《白石道人诗说》说:"陶渊明天资既高,趣诣又远,故其诗散而庄,澹而腴,断不容作邯郸步也。"李东阳《怀麓堂诗话》:"陶诗质厚近古,愈读而愈见其妙。"

王世贞在《艺苑卮言》中说:"渊明托旨冲淡,其造语有极工者,乃大人思来,琢之使无痕迹耳。后人苦一切深沉,取其形似,谓为自然,谬以千里。"王国维说:"三代以下诗人,无过屈子、渊明、子美、子瞻者。此四子者,若无文学之天才,其人格亦自足千古。"然而,斯人已去。褒贬毁誉,他已无从知晓。

一帘风月一烟村,一涧闲花一片云。

一阕红尘一场梦,一壶岁月一真人。

陶渊明早已去远,但是千百年后,人们仍在寻觅他的身影,寻觅他恬静的桃花源,寻觅他悠然快意的山水田园。可惜,繁华逐眼而过,山水咫尺天涯。人们应该寻觅的,其实是内心的平静。要知道,平静里自有丰盛。

浮生刹那,世事无痕。

人生如戏,唱念做打,生旦净末,甚是热闹。

但我们,终会悄然离场。灯火之下,仍有人继续喧闹。

陶渊明去了。田园芳草,小径烟村,都在他诗里悠然。

但似乎,也只是在诗里。

随园散人

2019年6月,于神木

图书在版编目（CIP）数据

只为山水，来此人间：陶渊明传 / 随园散人著.
-- 南京：江苏凤凰文艺出版社，2019.12
ISBN 978-7-5594-4217-8

Ⅰ.①只… Ⅱ.①随… Ⅲ.①陶渊明（365-427）- 传记 Ⅳ.①K825.6

中国版本图书馆CIP数据核字(2019)第266715号

只为山水，来此人间：陶渊明传

随园散人 著

责任编辑	白 涵 刘洲原
特约编辑	魏 佳
装帧制作	北京弘果文化传媒
责任印制	刘 巍
出版发行	江苏凤凰文艺出版社
地　　址	南京市中央路165号，邮编21009
网　　址	http://www.jswenyi.com
印　　刷	北京中科印刷有限公司
开　　本	880毫米×1230毫米 1/32
印　　张	7
字　　数	180千字
版　　次	2019年12月第1版 2019年12月第1版印刷
书　　号	ISBN 978-7-5594-4217-8
定　　价	42.00元

江苏凤凰文艺版图书凡印刷、装订错误可随时向承印厂联系调换。